CAMBRIDGE LIBRARY COLLECTION

Books of enduring scholarly value

Religion

For centuries, scripture and theology were the focus of prodigious amounts of scholarship and publishing, dominated in the English-speaking world by the work of Protestant Christians. Enlightenment philosophy and science, anthropology, ethnology and the colonial experience all brought new perspectives, lively debates and heated controversies to the study of religion and its role in the world, many of which continue to this day. This series explores the editing and interpretation of religious texts, the history of religious ideas and institutions, and not least the encounter between religion and science.

An Arabic Version of the Epistles of St Paul to the Romans, Corinthians, Galatians with Part of the Epistle to the Ephesians

The twin sisters Agnes Lewis (1843–1926) and Margaret Gibson (1843–1920) were pioneering biblical scholars who became experts in a number of ancient languages. Travelling widely in the Middle East, they made several significant discoveries, including one of the earliest manuscripts of the Four Gospels in Syriac, a dialect of Aramaic, the language probably spoken by Jesus himself. Their chief discoveries were made in the Monastery of St. Catherine on Mount Sinai. This work is a transcription by Gibson of a manuscript discovered by Lewis in the monastery in 1892 and published in 1894. The manuscript is an Arabic translation, believed to date from the ninth century, of part of St. Paul's epistles. Included with the text are Gibson's notes on both the translation of the Arabic and the adaptations made to the text by the original translator, making the work a useful resource for scholars of Arabic Christianity.

T0345809

Cambridge University Press has long been a pioneer in the reissuing of out-of-print titles from its own backlist, producing digital reprints of books that are still sought after by scholars and students but could not be reprinted economically using traditional technology. The Cambridge Library Collection extends this activity to a wider range of books which are still of importance to researchers and professionals, either for the source material they contain, or as landmarks in the history of their academic discipline.

Drawing from the world-renowned collections in the Cambridge University Library and other partner libraries, and guided by the advice of experts in each subject area, Cambridge University Press is using state-of-the-art scanning machines in its own Printing House to capture the content of each book selected for inclusion. The files are processed to give a consistently clear, crisp image, and the books finished to the high quality standard for which the Press is recognised around the world. The latest print-on-demand technology ensures that the books will remain available indefinitely, and that orders for single or multiple copies can quickly be supplied.

The Cambridge Library Collection brings back to life books of enduring scholarly value (including out-of-copyright works originally issued by other publishers) across a wide range of disciplines in the humanities and social sciences and in science and technology.

An Arabic Version
of the Epistles
of St Paul
to the Romans,
Corinthians,
Galatians
with Part of the Epistle
to the Ephesians

From a Ninth century MS. in the
Convent of S. Catharine on Mount Sinai

EDITED BY
MARGARET DUNLOP GIBSON

CAMBRIDGE
UNIVERSITY PRESS

CAMBRIDGE UNIVERSITY PRESS

Cambridge, New York, Melbourne, Madrid, Cape Town,
Singapore, São Paolo, Delhi, Mexico City

Published in the United States of America by Cambridge University Press, New York

www.cambridge.org
Information on this title: www.cambridge.org/9781108043403

© in this compilation Cambridge University Press 2012

This edition first published 1894
This digitally printed version 2012

ISBN 978-1-108-04340-3 Paperback

This book reproduces the text of the original edition. The content and language reflect
the beliefs, practices and terminology of their time, and have not been updated.

Cambridge University Press wishes to make clear that the book, unless originally published
by Cambridge, is not being republished by, in association or collaboration with, or
with the endorsement or approval of, the original publisher or its successors in title.

AN ARABIC VERSION

OF THE EPISTLES OF ST PAUL TO THE

ROMANS, CORINTHIANS, GALATIANS

WITH PART OF THE EPISTLE TO THE

EPHESIANS.

London: C. J. CLAY AND SONS,
CAMBRIDGE UNIVERSITY PRESS WAREHOUSE,
AVE MARIA LANE.
Glasgow: 263, ARGYLE STREET.

Cambridge: DEIGHTON, BELL AND CO.
Leipzig: F. A. BROCKHAUS.
New York: MACMILLAN AND CO.

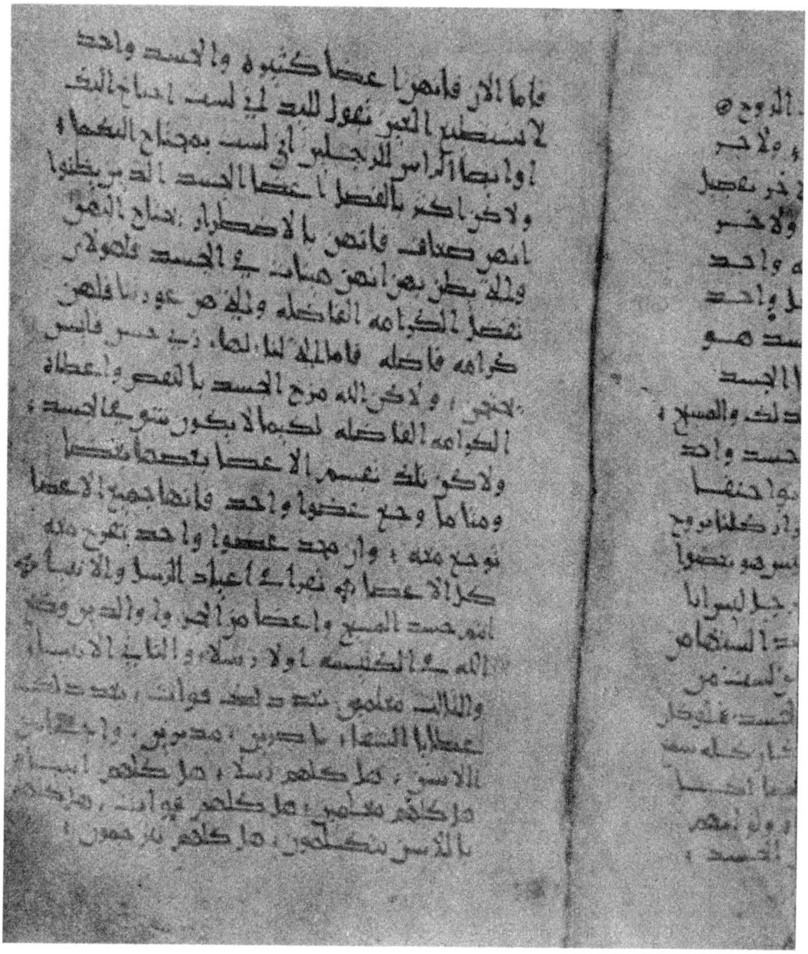

I CORINTHIANS XII. 20.30

(From a Photograph by Mrs Lewis)

Vincent Brooks Day & Son Photo-lith.

Frontispiece

STUDIA SINAITICA No. II.

AN ARABIC VERSION

OF THE EPISTLES OF ST PAUL TO THE

ROMANS, CORINTHIANS, GALATIANS

WITH PART OF THE EPISTLE TO THE

EPHESIANS

FROM A NINTH CENTURY MS. IN THE CONVENT
OF ST CATHARINE ON MOUNT SINAI

EDITED BY

MARGARET DUNLOP GIBSON

LONDON:
C. J. CLAY AND SONS
CAMBRIDGE UNIVERSITY PRESS WAREHOUSE,
AVE MARIA LANE.
1894

[*All Rights reserved.*]

𝕮𝖆𝖒𝖇𝖗𝖎𝖉𝖌𝖊:

PRINTED BY C. J. CLAY, M.A. AND SONS,
AT THE UNIVERSITY PRESS.

INTRODUCTION.

The manuscript from which I have transcribed these Epistles was found by my sister, Mrs S. S. Lewis, in February 1892, in the Convent of St Catharine on Mount Sinai. It did not come out of the chest in the little dark closet which had yielded the Syriac codices, but lay in a basket in another closet at the foot of the staircase leading to the Archbishop's room, a closet which does duty for a library of Semitic and Iberian books. It had the number 155 on its tattered back, and it retains this number in the catalogue of Arabic books which I made the year after its discovery, a catalogue which will be published as No. III. of this series. It is written on fine vellum, and has been bound in wooden boards, of which only the back now remains. Its size is 20 *centimètres* by 14½. The number of leaves in the book is 216. Fifty-six of these contain St Paul's Epistles; the first part of the book being occupied by the Wisdom of the Son of Sirach, also in Arabic. In the portion which contains the Epistles there are 21 lines to the page, the writing being on the line, clear, and beautiful. Such writing in an ancient Arabic MS. has a charm of its own, contrasting as it does so strongly with the penmanship of later centuries. The prefatory page and the latter part of the MS. are unfortunately lost, so that it stops short at Ephesians II. 9. We photographed the whole of these Epistles during our stay at the convent in 1892.

After I had transcribed all that it was possible to decipher from the photographs, it was my privilege to visit Sinai a second time in the spring of 1893, and I was thus enabled to fill in the blanks as well as to examine doubtful passages.

We had also photographed the whole of another ancient manuscript (No. 75 in the Arabic catalogue) containing the four Gospels. Mrs Lewis read a paper on these two manuscripts and exhibited photographs of them at the Ninth International Congress of Orientalists; where they excited much interest, and were pronounced by Dr Robertson Smith and by Professor Karabaçek of Vienna to belong, the Gospels to the tenth century, and this codex of the Epistles to the ninth. This opinion was arrived at principally from the shape of some of the letters.

I note the following peculiarities:

ى (ا maksourah) is always ا.

باسم is written instead of بسم.

ق has only one dot, and that below it.

لكن is always لاكن.

نحو is نحوا. ا is indeed generally supplied after و at the end of a word, wherever possible.

Similarly لو is spelt لوا.

ة as mark of the feminine is undotted.

هؤلاء is هولاى.

اولائك is وليك.

من اجل is منجل.

هكذا is هاكذا.

عشر is اعشر.

اسرايل is اسريل.

The dot of ذ is always omitted, and very frequently those of ج and خ.

Proper names of persons have a long stroke above them.

There are various faults of grammar, the most persistent being the use of the indicative instead of the subjunctive, the balance due to the

latter mood being very inadequately redressed by its substitution for the jussive after لم.

We have compared this codex with all the ancient versions to which we have had access, and have ascertained that it differs considerably in expression from all of them; that, generally speaking, it yields to none in faithfulness to the original text, except on some points which are persistently wrong throughout the whole manuscript, and which are obviously due to the original translator, whoever he may have been, not having seized some of the niceties of Greek grammar. When we consider how limited his opportunities of acquiring a thorough knowledge of it must have been in comparison with those at the disposal of a student of our own day, our wonder must often be that he is on the whole so accurate, and that the sublime thoughts he has to express are often clothed in such felicitous language. I have ventured, by means of a few notes, to account for some of his most obvious mistakes. These point unmistakeably to Greek, and not to Syriac, as the language from which he had to translate. As a proof of this, I would call attention to the confusion of οὐ with οὗ in Romans V. 20. This is an error which occurs also in Codex Bezae, Matthew XVIII. 20.

I have become convinced, during the process of transcribing, that this MS. is a copy from an older one, and not an original translation. There are sometimes passages left out, evidently owing to the eye of the scribe having been deceived by similar words in different lines. I would instance 1 Cor. I. 20 and 1 Cor. III. 10 as examples.

The task of editing this version of the Epistles has been by no means an easy one. There were two methods which suggested themselves; the first and easiest being to print the text exactly as I read it with its many orthographical peculiarities. This method would have necessitated a profusion of foot-notes, and it is a question whether the ordinary reader would not have put it down with the remark that life is too short to puzzle oneself over crooked Arabic. The other method, the one I have adopted after consultation with Professor Robertson Smith, is to print the text in the modern orthography, which not only makes it easier for European students

to read, but also renders it accessible to Christian Arabs, however unlearned, while at the same time its peculiarities are indicated both in the preface and by a few notes. I have endeavoured to carry out this plan by marking each peculiarity only in the first place of its occurrence. It has not been always easy to decide on the proper spelling to adopt. I began by a scrupulous observance of hamzas, but after the 16th page I found that by amending the orthography I was obscuring many interesting points of dialectic pronunciation, and I therefore abandoned them except where they were necessary to distinguish certain words from others nearly similar.

I have retained the exact punctuation of the manuscript, which is not always in accordance with our modern rules.

In conclusion, I have to express my thanks to my dear sister, Mrs S. S. Lewis, the discoverer of this little manuscript, to whom I owe my knowledge of Arabic, for allowing me the privilege and pleasure of editing these Epistles, and for assisting me to correct the proofs. I have also to thank Mr J. F. Stenning, of Oxford, for kindly transcribing a passage I had lost, viz. 1 Cor. X. 12—19, during his visit to Sinai this year. I am deeply indebted to Professor W. Robertson Smith, the great scholar who first suggested this publication, who watched it with eager and helpful interest, till increasing pain and weakness made work impossible, and who has been called to his rest as the last sheet was going through the press. Many of its words and phrases will be always associated with him in my memory, and I desire to add my voice to the chorus of those who will ever mention his name with gratitude.

CORRIGENDA.

Romans VIII. 28, *rubric, for* العياد *read* الأعياد.

Romans XIII. 7 *for* غرّمة *read* غرمه.

Romans XV. 6   „ يسوح „ .يسوع

NOTES ON THE EPISTLE TO THE ROMANS.

Romans I. 12. This is a different rendering of *τῆς ἐν ἀλλήλοις πίστεως* from that of our Authorized Version or of any other Arabic version I have seen. The meaning is "faith in each other" and not "each other's faith toward God." Had the Greek been *εἰς ἀλλήλους*, there would have been more justification for it. This does not follow the Syriac.

I. 28. *δοκιμάζω* may certainly be translated by جرب but the Apostle uses it in a higher sense.

I. 32. Codices D, E and G have *οὐκ ἐνόησαν* or *οὐκ ἔγνωσαν* in this verse.

II. 9. The original meaning of حنيف is "inclining from one religion to another." The translator, in using it here, was probably thinking of Greek proselytes. It is frequently used in Syriac for Ἕλληνες.

IV. 17. The translator has here misunderstood to which limb of the sentence *ἐπίστευσεν* belongs.

IV. 20. Two clauses are here omitted, probably forming a line of the MS.

V. 9, 10. The Arab translator by turning the Greek participles *δικαιωθέντες* and *καταλλαγέντες* into the Arabic Imperfect نتصدق and نصلح has lost much of the force of the Apostle's argument. Walton has فاذ قد تزكينا and فما اولانا اذ قد صالحنا.

V. 10. *σωθησόμεθα* is here translated, as in other places in this codex, not by نخلص but by نحفظ. Our English word "save" has also these two meanings.

V. 20. The Arab translator has evidently read *οὐ* instead of *οὗ*. This very small mistake very much confuses the sense. In it he does not follow the Syriac.

VI. 5. This is beautifully succinct, even more so than the Greek, and that is saying a good deal. Walton has لانا ان كنا قد نصبنا معه فى شبه موته كذلك سنصير مغروسين معه فى شبه انبعاثه. The latter has sixteen words where our version has eight only!

VII. 13. Our translator has here reversed the meaning of the Greek *τὸ οὖν ἀγαθὸν ἐμοὶ ἐγένετο θάνατος;* The Apostle who wrote "to me to die is gain" would never have written فالموت كان لى للخير: لا يكون ∴

VII. 22. We do not think that مثل can give the force of *κατά*. Walton has يحص. The Bible Society's Version has بحسب.

VII. 24. *τούτου* is here omitted.

VIII. 2. The translator has here understood *καὶ ἀπὸ τοῦ θανάτου*.

VIII. 9. It is difficult to see why *ἀλλὰ* should be translated by لان, although the sense is not spoilt.

VIII. 17. وابنا ورثة المسيح. Codices F and G omit *κληρονόμοι μὲν θεοῦ, συγκληρονόμοι*. Where our translator got his second ابنا, however, it is hard to tell.

VIII. 20. It is rather curious that our Arab translator should have anticipated his English brethren of seven centuries later, by punctuating after *ἐπ' ἐλπίδι* instead of before it.

VIII. 21. غيار rather means "change" than corruption. We may, however, take it as representing *φθορὰ* in its signification of "deterioration."

VIII. 23. The translation is here not quite accurate. It presupposes the adoption, and hopes for the redemption. There is also no equivalent for *στενάζομεν*.

VIII. 26. *καθὸ δεῖ* is here overlooked.

VIII. 27. *κατὰ θεὸν* is omitted.

IX. 22. The translator has evidently supposed *σκεύη* to be a feminine singular instead of a neuter plural. This error occurs also in some Latin versions.

IX. 23. يسر conveys the sense of "hiding away."

IX. 28. The translation of *λόγος* by كلمة is better than that in our Authorized Version, which for some curious reason makes it "work." The Revised Version gives "execute his word." May we suggest "account" or "reckoning" as another possible meaning?

X. 9. قلبك is evidently a mistake.

X. 13. اسمه ought to be اسم الرب.

X. 19. Codices א^c and C have *αὐτούς* for the first *ὑμᾶς*, and א^c has the same change to the reading of the LXX. for the second *ὑμᾶς*. This is also the case in the Ethiopic version.

XI. 6. It is rather singular to find the last clause of this verse here, as it occurs in comparatively few Greek MSS. and the Codex Sinaiticus is not one of them. The meaning is here slightly altered.

XI. 31. لرحمتكم might have been better برحمتكم but *τῷ* may be rendered by either particle. The translator seems to have mistaken *ἐλεηθῶσι* for *ἐληλύθασι*.

XII. 1. The translator has not understood the meaning of *λογικήν*.

XII. 19. *ἀλλὰ δότε τόπον τῇ ὀργῇ* is here omitted.

XIII. 6. *ἐστὲ* must have been read for *εἰσίν*.

XIII. 13. عنا conveys an idea opposite to *κώμοις*. Perhaps the translator read it *κόποις*, *ο* instead of *ω* being frequent in Greek MSS.

XIV. 2. Several MSS. have *ἐσθιέτω*.

XIV. 12. λόγος is here rather happily rendered جواب.

XIV. 15. اخوه in mistake for اخوك.

XIV. 20. يحل would give the exact sense of κατάλυε if it were only in the imperative.

XIV. 22. مثل ما في نفسك is a curious rendering of κατὰ σεαυτόν.

XV. 14. νουθετεῖν is here omitted. Walton has ان يعظ احدكم الاخر:.

XV. 16. εἰς τὰ ἔθνη is here omitted, as in the Codex Vaticanus.

XV. 19. "Jerusalem and round about it." We wonder what our translator's notions of geography were, and where in the environs of Zion he would place Illyricum, till we come to حتى الى يريقوا: "as far as to Jericho."

XV. 23. لاتيكم. We do not exactly see why the plural should be used here for τοῦ ἐλθεῖν, unless St Luke and others were included.

XV. 28. اصبانية here, اسبانية above.

XVI. 4. بيتها for بيتهم.

XVI. 5. τὸν ἀγαπητόν μου is omitted. The oldest MSS. have 'Ασίας and not 'Αχαίας.

XVI. 10. The salutation to Apelles is omitted.

XVI. 15. Nereus being forgotten, his sister becomes sister to Philologus and Julia.

XVI. 21. Our translator must have been in a hurry to get to the close of the Epistle. The salutation from Timotheus and his companions is made to return on their own heads.

XVI. 24. The benediction of this verse is transferred to the end of the Epistle, as in several ancient MSS.

Probably the frequent recurrence of *n* at the end of so many names in this chapter comes from these names being in the accusative in Greek.

NOTES ON THE FIRST EPISTLE TO THE CORINTHIANS.

I Corinthians I. 7. *χάρισμα* is here evidently mistaken for *χάρις*.

I. 12. Κηφᾶ is omitted.

I. 14. The *n* of the Greek accusative is again introduced.

I. 20. ملتمس is a pleasanter rendering for *συνζητητὴς* than "disputer" is.

I. 20. The scribe, evidently owing to the recurrence of هذا العالم, has left out the whole clause *οὐχὶ ἐμώρανεν ὁ θεὸς τὴν σοφίαν τοῦ κόσμου;* In verse 21 he has written both بحكمة الله and لم يعرف twice. Anyone who is accustomed to copy the writings of another will have a fellow-feeling with him, and will take this as a proof that our MS. is not an original translation, but a copy of some older one.

I. 21. *σῶσαι* is here again translated by حفظ, to keep.

I. 30. مختارون is superfluous.

II. 1. The translator has evidently mistaken *οὐ* for *οὗ*, the reverse of which he did in Romans V. 20, and has translated it by حيث which he has placed in the wrong limb of his sentence.

II. 10. *πάντα* is here overlooked.

II. 12. We are glad to see that the meaning of *χαρισθέντα* has dawned upon our translator, after twice mistaking *χάρισμα* for *χάρις*.

III. 9. فعلة is here pl. of فاعل. Some MSS. have *ἐσμεν* for *ἐστε*. The beauty of the idea is not so well preserved as in our English version.

III. 10. The clause *ἕκαστος δὲ βλεπέτω πῶς ἐποικοδομεῖ* is here left out. This is probably owing to the copyist getting confused with the word يبنى at the end of two sentences.

IV. 5. *ἑκάστῳ* is omitted.

IV. 14. *ἐντρέπων* is here supposed by our translator to be an intransitive verb, and he has therefore missed the exact meaning of the passage.

V. 10. فقط does not qualify the Apostle's prohibition as *πάντως* does. The order of *ἅρπαξιν* and *εἰδωλολάτραις* is here reversed.

VI. 3. The sense of *μήτι γε βιωτικά* is missed here.

VI. 11. *ἀπελούσασθε* is here circumstantially translated.

VI. 20. The oldest MSS. omit the clause which occurs here in our English Bibles.

VII. 6. *κατά*, which is here translated "by" in our Authorized Version, and very properly so, may also mean "as," the sense our Arab translator has adopted. He gives a different meaning thereby to the passage. "I speak this as an excuse, not as a commandment."

VII. 14. *ἐν τῷ ἀδελφῷ* is correct. ابناهم should be ابناكم.

VII. 15. اخونا is not wrong, as *ἡμῶν* is understood in *ὁ ἀδελφός*.

VII. 16. *σῶσαι* is here, as in several other passages, rendered by حفظ, to keep.

VII. 21. This curious rendering of *χρῆσαι* by a verb meaning "to serve" is recommended by Chrysostom on this very passage.

VII. 28. Dr Robertson Smith suggested that I should keep الذين for للذين, as he "was not sure but that the translator meant it, that they *are* a trouble in the flesh!"

VII. 29. انجذ gives very well the sense of *συνεσταλμένος*.

VIII. 8.   There are two clauses here whose order is reversed by the translator; probably he was misled by οὔτε at the beginning of the first one.

IX. 6.   The negative in this passage is also omitted by Basil and Chrysostom.

IX. 12.   قطع is not a bad expression for ἐκκοπή.

IX. 13.   τῷ θυσιαστηρίῳ is omitted.

IX. 18.   καταχράομαι means "make full use of" as well as "abuse."

IX. 26.   We should have expected a negative before معلوم.

X. 8.   The Heraclean Syriac has εἴκοσι τέσσαρες.

X. 29.   ἑαυτοῦ correctly.   Probably πολλῆς was read by mistake for ἄλλης.

XI. 12.   The translator has evidently not understood the use of διὰ with the genitive.

XI. 20.   Κυριακὸν is here referred to κυριακή, instead of to Κύριος as in our Authorized Version.

XI. 22.   It is just possible that a scribe copying from some older MS., or writing from dictation, has mistaken تخزون for تحزنون.

XII. 2.   It is worthy of remark that تشاقوا was originally written in the MS. instead of تساقوا, the dots of the *shin* being afterwards stroked out, which points to this MS. being copied from an earlier one.

XII. 9.   "Faith" is here omitted, evidently from a scribe's blunder.

XII. 13.   Our translator seems to have read ἐβαπτίσθημεν for ἐποτίσθημεν.

XIII. 12.   غمزة means "blinking," no bad rendering of αἰνίγματι.

XIV. 1.   μᾶλλον δὲ ἵνα προφητεύητε is here interpreted in an inverse sense.

XIV. 3. طلبة is a curious word for οἰκοδομήν. παράκλησιν and παραμυθίαν are both included in عزا.

XIV. 11. A clause is here omitted, as also in some Greek MSS.

XIV. 12. ἐπεὶ is here neglected.

XIV. 27. ἀνὰ μέρος is well translated by واحد واحد ; better than by علی انفراد (Walton).

XV. 24. Perhaps παραδιδοῖ has been mistaken for a passive.

XV. 25. πάντας τοὺς ἐχθροὺς is omitted.

XV. 39. The meaning of ἡ αὐτὴ is here missed.

XV. 55. The MSS. differ as to which comes first, νῖκος or κέντρον. They mostly have θάνατε in both clauses of the verse; but some have ᾅδη. The Peshitta has ܫܝܘܠ.

XVI. 2. εὐοδῶται is not badly rendered by يَسِّر لَه. The trans-lator, however, did not understand the difference between λόγος and λογία.

XVI. 7. عابرين perhaps including St Luke.

XVI. 9. معين hardly gives the meaning of ἐνεργής.

XVI. 12. فرغ is a happy rendering of εὐκαιρήσῃ.

XVI. 22. ماران اثا has a stroke above it, as if it were a proper name. This does not look as if the translator understood Syriac.

NOTES ON THE SECOND EPISTLE TO THE CORINTHIANS.

I. 8. *ὑμῶν* has evidently been read instead of *ἡμῶν*.

III. 9. *τῆς δικαιοσύνης* is omitted.

IV. 4. *τοῦ ἀοράτου* is added also in the Syriac, Armenian, and Gothic Versions, and in many MSS.

IV. 7. There is a slight grammatical error here; it ought to be تكون رفعة القوة من الله, *ἡ ὑπερβολὴ τῆς δυνάμεως ᾖ τοῦ θεοῦ*.

IV. 16. The second person تنسى is here used for the first.

VI. 1. *τοῦ θεοῦ* is omitted.

VI. 7. Perhaps كلمة for *δυνάμει* is the mistake of a copyist.

VI. 9. *ὡς ἀγνοούμενοι καὶ ἐπιγινωσκόμενοι* is omitted.

VI. 13. *ὡς τέκνοις λέγω* is omitted.

VI. 14. The sense is here confused. It looks as if in copying from an earlier MS. the scribe had written لاكن instead of لا and لنبرّ instead of لنير.

VI. 16. *ζῶντος* is omitted.

VII. 2. *οὐδένα ἐφθείραμεν* is omitted.

VII. 3. The Codex Sinaiticus has ἐν ταῖς καρδίαις ὑμῶν in this verse.

VII. 13. τὸ πνεῦμα ἡμῶν instead of τὸ πνεῦμα αὐτοῦ.

VIII. 24. εἰς αὐτοὺς is omitted.

X. 8. The Ethiopic version has also ἐξουσίας ὑμῶν. Several MSS. and versions omit the pronoun altogether.

X. 12. We can only account for the too evident confusion of pronouns here by supposing that the translator did not understand the use of ἑαυτοὺς for different persons.

X. 16, 17. Two important clauses are here omitted, evidently because a line has dropped out and a negative with it, confusing the sense somewhat in the next passage.

XI. 15. عمل ought clearly to be in the plural.

XII. 17. This is much too succinct and not clear.

XIII. 7. μὴ ποιῆσαι ὑμᾶς. Our Arab translator has evidently not understood the Greek accusative with infinitive.

XIII. 10. نضى is a curious word for εὔχομαι, evidently referring to the washing of hands before prayer.

NOTES ON THE EPISTLE TO THE GALATIANS.

Galatians II. 5. This may be an improvement on πρὸς ὥραν, but it has no authority.

II. 6. ὁποῖοί ποτε ἦσαν seems to have been hard to translate into Arabic. δοκοῦντες ought not to have been translated in the sense of "hope" in this verse.

II. 10. This is the only passage where I have found two words used to translate one.

II. 12. The translator has supposed ἦλθον to be in the first person singular instead of referring it to τινας, which he has put in the singular.

III. 4. The force of εἴ γε is here missed.

IV. 6. The most ancient MSS. have ἡμῶν.

IV. 12. The sense is somewhat perverted owing to the translator changing the punctuation, and mistaking ἠδικήσατε for an imperative.

IV. 20. ἤθελον δὲ παρεῖναι πρὸς ὑμᾶς is omitted.

IV. 24. We would gladly dispense with the negative; ἀλληγορούμενα has evidently not been understood.

Those who would derive the name of Ishmael's mother from حجر, a stone, would do well to observe the orthography of the two words in Arabic and to consider if هجر, to flee, is not a likelier derivation.

IV. 25. Perhaps a copyist has written ملاومة for معاومة.

V. 4. نعمته may be a copyist's error.

V. 8. A negative would be better inserted before تقنعوا. لجاجتكم is stronger than πεισμονή.

V. 12. This is still more drastic than ἀποκόψονται.

V. 17. لا is superfluous.

V. 24. The order of the original is here reversed. There is surely a touch of asceticism in it: "They that have crucified the flesh are Christ's."

VI. 7. Two-thirds of this verse are omitted, probably by a copyist's error. A line has in all likelihood been left out beginning with يزرع. The two lines following both begin with this same word, so it is not wonderful that one of the three lines has dropped out. This points to our MS. being copied from an earlier one.

NOTES ON THE EPISTLE TO THE EPHESIANS.

Ephesians I. 9. سراير for μυστήριον, and in verse 10 زمان for καιρῶν. Too much importance need not be attached to the use of the plural for the singular or *vice versâ* in a translation, common usage varying so much with regard to certain words.

I. 11. Perhaps our translator has read ἐκλήθημεν or ἐκληθήσαμεν, instead of ἐκληρώθημεν. The former occurs in a few ancient MSS., as does also τοῦ θεοῦ.

II. 5. Another long passage is left out. May it not have been caused by one line in the earlier MS. ending with احينا and the next with احيانا and so our scribe's eye being deceived, as before with يزرع in Galatians VI. 7?

LIST OF UNUSUAL WORDS.

ὦ	ايه	Rom. II. 1, VIII. 23, IX. 20, I Cor. VII. 16
εὐπάρεδρον	بثباب	I Cor. VII. 36
ἁδρότης	تجلد	II Cor. VIII. 20
ἔνοχος	محجوج	I Cor. XI. 27
τεῖχος	حيط	II Cor. XI. 33
for الخاص	الخاصى	I Cor. VI. 18
ῥιπῇ (ὀφθαλμοῦ)	خطفة	XV. 52
for دلال	ادلال	II Cor. III. 12, VII. 4
ἀπόδειξις	ريا	I Cor. II. 4
ἀρχαί	ريسا	Rom. VIII. 38
ψιθυριστάς	متزمزمين	I. 30
βρόχος	مسراق	I Cor. VII. 35
plural of سايس	سياسة	IV. 2
κοπιῶ	شخص	Rom. XVI. 6, 12, I Cor. IV. 11, II Cor. XI. 23, 27
σαργάνη	مشقفة	II Cor. XI. 33
for على	عليه	Rom. XVI. 2
οἰκονόμος	فرانسة	Gal. IV. 2
κάλανδαι	قلند	I Cor. X. 1, rubric
ἐγόγγυσαν	تقمقموا	X. 10
for كليهما	اكليهما	VI. 16
λειτουργεία	كهنوة	II Cor. IX. 12
γενόμενον	متكون	Gal. IV. 4
μάκελλον	لحامة	I Cor. X. 25
ἀμεταμέλητα	ليس بمندومة	Rom. XI. 29
παρουσία	ايتيان	I Cor. XV. 23, II Cor. VII. 6, 7

INDEX TO RUBRICS.

فِي طَرِيقِهَا إِلَى الزِّيَارَةِ فِي حَدِيثِهَا

ثُمَّ

لِأَجْلِهَا خِيَارًا نَفِيسًا

مَسَائِلُ جَمَّةٌ فِي تَحْقِيقِهَا إِلَى مَا يُرَى أَمَامَهَا

يَا مَنْ رَأَى فِي حَدِيقَةٍ غِرَاسَهَا الزَّاهِيَةَ ·

سَمَاحَةً جَمِيلَةً كَرِيمَةً وَهَّابَةً يَا لَهَا

كَرِيمَةً جَمِيلَةً

رَائِعَةً

خِتَامُهَا

رسائل بولس الرسول

❀ نبدأ نكتب مصحف بولس الرسول الصحيفة [1]الاولى ❀

❀ كتبها الى اهل رومية نبدأ [2]بسم ربنا المسيح ❀

I. 1 بولس عبد ليسوع المسيح الرسول [3]المدعى المفرز لانجيل الله
2 الذى تقدم فاخبر على يدى انبياءه فى الكتب القديسة عن ابنه الذى
3. 4 كان من زرع داود بالجسد المحدود انه [4]بن الله بالقوة كمثل
5 روح القدس من قيامة ربنا يسوع المسيح من الموتى ⁘ الذى به اخذنا
النعمة والرسولية لخضع الامانة فى كل الامم [5]من اجل اسمه ⁘
6 الذين كنتم وانتم مدّعين بيسوع المسيح لكل احباء الله الذين
7 فى رومية المدّعين القديسين ⁘ النعمة لكم والسلام من الله ابينا
8 ومن الرب يسوع المسيح ⁘ اول شىء فانى اشكر الاهى بيسوع
المسيح عن كلكم لان امانتكم تكرز فى كل العالم ⁘
9 ان شاهدى هو الله الذى اعبده بروحى فى انجيل ابنه ⁘ انى
10 لست ابطل صانع ذكركم فى [6]صلواتى فى كل حين راغبا ⁘
11 وان سهلت لى طريق فى مسرة الله لناتيكم لانى [4]مشتاقا ان
اراكم لكيما اعطيكم عطية روحانية لكى [4]تتثبتون :
12 وبهذا نتعزى فيكم بامانة بعضكم لبعض التى لكم ولى ⁘

[1] Cod. الولا. [2] Cod. باسم. [3] Cod. المدّعا; see Preface. [4] Sic in Cod. [5] Cod. منجل here and elsewhere. [6] Cod. صلاواتى.

I. 13 يا اخوة انى لست اريد ان تجهلوا ان [1]مرار كثيرة اردت ان
اجيئكم وامتنعت حتى الان لكيما يكون ولى فيكم ثمرة
14 كساير الامم: فى الحنفاء والبربر وفى الحكماء والجهلة وهو
15 واجب [1]عليه وهكذا هى شهوتى وعندى: ولكم ابشر الذين
16 فى رومية وانى بحق لست اخزى بالانحيل لانه هو قوة الله لخلاص
17 كل من امن لليهودى اولا وللحنيفى لان بر الله فيه
يظهر من امانة الى امانة مثل ما هو مكتوب ان الصديق
18 بالامانة يحيا ⁘ لانه يظهر رجز الله من السماء على كل منافقة
19 وظلم الناس: الذين يتخذون الحق بالظلم: لان علم الله
20 ظاهر فيهم: لان الله اعلنه لهم ⁘ لان سرايره من خليقة
العالم بالاعمال بالعقل ترى: وقوته الازلية والهوته: [1]ليكونون
21 بغير معذرة لانهم عرفوا الله ولم يمجدوه كالله او شكروا:
22 ولكن خابوا بافكارهم: واظلم قلبهم الغير فهم: الذين
23 يقولون بانهم حكماء سفهوا وابدلوا مجد الله الذى لا
يتغير بشبه انسان يتغير: والطير وذوات [1]اربعة ارجل والدواب ⁘ لذلك
24 اسلمهم الله بشهوات قلوبهم الى الدنس [2]لتهان فيهم اجسادهم:

[1] Sic in Cod. [2] Read على.

I. 25 الذين ابدلوا صدق الله بالكذب وحمدوا وتعبدوا الخليقة افضل
26 من الخالق الذى هو مبارك الى الدهور امين ∴ لذلك اسلمهم
الله الى مصايب الهوان : لان اناثهم بدلن سنة الطبيعة
27 بخلاف الطبيعة : كذلك الذكورة تركوا سنة طبيعة الاناث و احترقوا
بشهواتهم لبعضهم بعض : الذكورة بالذكورة يعملون الخزى :
والاجر الذى كان ينبغى لطغاهم فيه يتحازون ∴ وكمثل
28 ما لم يجربون الله بمعرفتهم اسلمهم الى عقل غير مجرب [1]ليعملون
29 ما لا ينبغى : [2]ممتلئين [1]حسد : وقتل : ومراء : وغش : وخلق
30 سوء : متزمزمين : نمامين : باغضين لله : سبابين : متعظمين :
خداعين بكذبهم : [3]واجدين الشر : الذين لا [1]يقنعوا لابائهم :
31 ليس لهم رأى ولا عهد ولا حب : ولا مصالحة : ولا رحمة :
32 الذين لم يعرفون عدل الله : ان الذين يعملون [4]هؤلاء او امثال
هؤلاء هم اهل للموت وليس هؤلاء فقط يعملون ولاكن الذين
II. 1 يسرون بالذين يعملون ∴ لذلك انت ليس لك معذرة يا [1]ايه
الانسان ... [5]من يدين : لان بالذى تدين صاحبك توجب

[1] Sic in Cod. [2] Cod. ممتلين. [3] Cod. واخذين. [4] Cod., here and elsewhere, هولاى. [5] The illegible word is presumably كل.

II. 2 على نفسك لانك بالذى تدين اياه تعمل ∴ بحق انا نعلم ان قضاء
3 الله حق على الذين يعملون شبه هؤلاء : فتفكر فى هذا
ايها الانسان الذى يدين الذين يعملون هؤلاء وهو يفعلهم :
4 لانك وانت تهرب من قضاء الله : وبغنى نعمته واصطباره وطول
5 روحه ترفض وتجهل ان نعمة الله تقبل بك الى التوبة : ولاكن
مثل قساوة قلبك الذى لا يندم تكنز لك [1]رجز فى يوم الرجز
6 واظهار قضاء الله الحق الذى يجزى كل احد [2]كنحو عمله ∴
7 اما للذين بالاصطبار العمل الصالح مجد وكرامة وما لا يتغير
8 للذين يريدون الحياة الداهرة : اما للذين من الخصام ولا
9 يقنعون بالحق ولاكن يقنعون بالظلم فرجز وغضب وحزن وغم على
10 كل نفس انسان يعمل الشر : اليهودى اولا والحنيفى : ومجد
وكرامة و سلام لكل من يعمل الخير : اليهودى اولا والحنيفى :
11. 12 ليس عند الله اخذ بالوجوه : كل من اخطأ بغير ناموس <بغير
13 ناموس> يهلك وكل من اخطأ بناموس يدان : ليس
سامعين الناموس [1]ابرار عند الله : ولاكن عاملى الناموس هم
14 [1]يبرروا ∴ اذا كانوا الامم الذين ليس لهم ناموس بالطبيعة يعملون
عمل الناموس فان [3]اولائك الذين ليس لهم ناموس فانهم ناموس

¹ Sic in Cod. ² كنحوا (see Preface). ³ Cod. اوليك here and elsewhere.

لانفسهم : ان الذين يرونّ عمل الناموس كانه مكتوب II. 15
فى قلوبهم حين تشهد عليهم نيتهم وبين بعضهم بعض بالفكر
يقرفوا او [1]يجاوبوا فى اليوم الذى فيه يدين الله خفيات الناس 16
كمثل بشارتى بيسوع المسيح ⁘ هذا انت تسمّى يهودى وتستريح 17
بالناموس و تفتخر بالله وتعرف المسرة وتميز الفضايل اذ انت متعلم 18
من الناموس : ووثقت بنفسك انك قايد العميان ونور للذين 19
فى الظلمة ومؤدب للجهال ومعلم للاطفال ولك شبه العلم والحق 20
بالناموس ⁘ انت الذى تعلم اخر ونفسك ما تعلم : اذ تكرز لا 21
تسرق وانت تسرق : وتقول لا تفسق وانت تفسق : والذى انت 22
ترذل الاصنام تنهب الهيكل : الذى انت تفتخر بالناموس بخلاف 23
الناموس تهين الله : لان اسم الله من اجلكم يجدف فى الامم 24
مثل ما هو مكتوب ⁘ ان الختان ينفع ان انت عملت ما فى 25
الناموس : وان كنت مخالف للناموس فقد صار ختانك غرلة : فان 26
كانت الغرلة يحفظ بر الناموس فليس الغرلة تحسب ختان :
وتدينك الغرلة التى من الطبيعة لتمام الناموس لحال الكتاب 27
والختان لمخالف الناموس ⁘ ليس الذى هو ظاهر بالجسد هو 28

[1] Cod. يجاونوا.

II. 29 يهودى ولا الذى هو عالنا فى الجسد ختان ⁘ ولاكن الذى فى
الخفى يهودى والختان بالقلب بالروح وليس بالكتاب الذى ليس
III. 1 مدحته من الناس ولاكن من الله ⁘ اى شىء فضل او اى شىء هى
2 منفعة الختنة: كثير فى كل الخصال ⁘ اولا قد صدقت كلام الله :
3 فما ذا ان كانوا قوم قد كفروا هل كفرهم يطل امانة الله :
4 لا يكون : يكون الله الصادق و كل انسان كاذب كما هو
5 مكتوب : لكى تبر بقولك وتغلب اذا ادنت ⁘ فان ظلمنا فبر
الله يقيم ما ذا نقول هل الله ظالما الذى بالرجز كمثل انسان
6. 7 اتكلم لأيكون : لانه كيف يدين الله العالم ان كان صدق الله
8 بكذبى يفضل لمجده اى شىء انا مثل خاطىٔ ادان : ولا مثل ما
يجدف علينا : و كالذى يقولون اناس انا نعمل الشرات لكيما
9 تاتى الخيرات الذين قضاءهم صدق هو ⁘ اى شىء معنا منذ قديم :
ليس هو بيقين : فاعتللنا على اليهود والحنفاء : انا اجمعين تحت
10 الخطيئة كما هو مكتوب انه ليس بار ولا واحد ليس من
11 يتفطن : ليس من يريد الله

[1] Cod. الخطيه.

III. 12 كلهم حادوا وفسدوا ليس من يعمل الخير ليس ولا واحد:
13 قبر مفتوح حنجرتهم بالسنتهم يدعلوا: سم الافاعى تحت شفاههم
14.15.16 افواههم ملاء مرة ولعنة: ارجلهم حادّة لاسفاك الدم: السحق والشقاء
17. 18 فى طرقهم و سبيل السلامة لم يعرفوا: ليس خشية الله قدام اعينهم ⁘
19 انا نعلم ان كل شىء قال الناموس فانه لاهل الناموس ليسد كل
20 فم والعالم كله مذنب لله: لان من عمل الناموس لا يتبرر[1] قد
21 كل بشر ⁘ لان بالناموس معرفة الخطية: والان بغير الناموس
22 بر الله قد ظهر: ومشهود من الناموس والانبياء: ان بر الله
بامانة يسوع المسيح للكل وعلى كل الذين يؤمنون: ليس
23 انفصال لان كلهم قد[2] اخطوا: و هم ناقصين من مجد الله
24. 25 ويتبررون مجان بنعمته بالنجاة التى هى بيسوع المسيح الذى تقدم الله
و جعل مغفرة بالامانة بدمه لعلم بره من اجل مغفرة الخطايا القديمة
26 التى كانت باصطبار الله لعلم صدقه فى هذا العالم: لكى يكون
27 صديق مصدق ليسوع الذى من الامانة ⁘ اين الفخر قد اغلق · [3]بأى
ناموس بالاعمال: لا: ولاكن بناموس الامانة ⁘

[1] Read قدامه ? [2] Cod. اخطوا here and elsewhere. [3] Cod. باتى.

III. 28 و لاكنا تتفكر انه يتبرر الانسان بالامانة من غير عمل
29 النامرس ⁘ او لعل الله انما هو لليهود فقط اليس وللامم نعم وللامم
30 لان الله واحد الذى يصدق الختان من الامانة والغرلة
31 بالامانة ⁘ فلعلنا نبطل الناموس من اجل الامانة لا يكون ولاكنا
IV. 1. 2 نقيم الناموس : ما ذا نقول الفى ابرهيم ابونا بالجسد ⁘ [1]فلو كان
ابرهيم من العمل صدق لكان له افتخار ولاكن ليس الى الله :
3. 4 ما ذا يقول الكتاب امن ابرهيم بالله و حسب للبر: فالذى
يعمل فانه ليس يحسب له الاجر بالهبة ولاكن بما قد وجب له :
5 [2]فالذى لا يعمل فيامن على الذى يصدق المنافق بامانته يحسب له
6 البر كما قال داود بالطوب لانسان الذى يحسب له الله البر بغير
7 اعمال ⁘ طوبى للذين غفر لهم ذنوبهم وللذين غطيت خطاياهم :
8. 9 طوبى للرجل الذى لا يحسب له الرب خطية ⁘ هذا الطوب على
الختنة هو ام على الغرلة : ونحن نقول ان لابرهيم حسبت له الامانة
10 بالبر: كيف حسبت له اذ هو فى الختانة ام بالغرلة : ليس فى
11 الختان ولاكن فى الغرلة واخذه هى علامة الختان ختم بر
الامانة التى فى

[1] Cod. فلوا.   [2] Over this word a corrector has written ا ما (*i. e.* فاما الذى).

الغرلة : ليكون هو اب لجميع الذين امنوا بالغرلة لكيما
IV. 12 يحسب لهم برا ⁘ و اب للختانة : ليس من الختانة فقط ولاكن
13 وللذين يلحقون فى اثار الامانة التى فى غرلة ابينا ابرهيم ⁘ ليس
بالناموس موعد لابينا ابرهيم ولا لذريته ان يكون وارث للعالم
14 ولاكن فى بر الامانة : [1]فلو كان الورثة من الناموس الان اذن
15 خابت الامانة وبطل الموعد : لان الناموس يهيج الرجز : وليس
16 ناموس ولا معصية ⁘ لذلك من الامانة بالهبة يكون الموعد ثابت
لكل الذرية : ليس للذى من الناموس فقط ولاكن للذى من
17 امانة ابرهيم الذى هو [2]ابو كلنا كما هو مكتوب انى جعلتك
اب لامم كثيرة قدام [3]وجه الله الذى يحيى الموتى الذين امنوا به
[4]ويدعو للذين لم يكونوا كانهم قد كانوا : والذى كان بانقطاع
18 الرجاء امن بالرجاء ليكون اب لامم كثيرة مثل ما قيل
19 هكذا تكون ذريتك : ولم يضعف بالايمان ولم يصر الى
جسده الذى كان قد مات اذ هو ابن ماية سنة وبرحم سارة
20. 21 الذى كان قد مات : وبالامانة اعطى المجد لله واستيقن ان
22 الذى اوعد فانه يستطيع ايضا يفعل لذلك حسب له صدق ⁘

[1] Cod. فلوا. [2] Cod. ابوا. [3] Cod. وجاه. [4] Cod. يدعوا.

ولم يكتب من اجاه فقط انه حسب له : ولاكن ايضا من IV. 23.
24

اجلنا للذين كانوا عتيدين يتفكرون المومنين على الذى اقام

من الموتى ربنا يسوع ٠٠ الذى دفع من اجل عثراتنا وقام 25

من اجل برنا 🏵 نقرأ فى الاحد الاول : هذه اول القرايات 🏵 انا V. 1

قد تبررنا من الامانة ليكون لنا عند الله سلامة بربنا يسوع

المسيح الذى به اخذنا التقرب بالامانة لهذه النعمة التى بها نحن 2

قيام ونفتخر برجاء مجد الله : وليس بذلك فقط ولاكن نفتخر 3

بالاحزان لانا نعلم ان الحزن يهيج الصبر: والصبر التجربة : 4

والتجربة رجاء: والرجاء لا يخزى : لان حب الله قد سفك فى 5

قلوبنا بروح القدس الذى اعطيناه ٠٠ فان كان المسيح قد 6

مات عن المنافقين فنحن بعد ضعفاء فى الحين لانه بعد 7

الكد يكون انسان يموت عن البار فاما من اجل الصالح

فلعل احد يجترئ ان يموت ٠٠ يقيم الله فينا محبته اذ نحن 8

بعد خطاءين: ان المسيح مات عنا: افضل كثير الان تتصدق 9

بدمه ونخلص به من الرجز٠٠ اذ قد كنا اعداء فقد صلحنا 10

لله بموت ابنه : فاكثر بزيادة نصالح ونحفظ

V. 11 فى حياته وليس هذا فقط ولاكنا نفتخر بالله بربنا يسوع
12 المسيح الذى به اخذنا الصلح ⁘ لذلك مثل ما بانسان واحد دخلت
الخطية الى العالم ولحال الخطية الموت ⁘ هكذا مضى الموت
13 الى جميع الناس الذين به كلهم اخطووا ⁘ وحتى الناموس كانت
الخطية فى العالم لان الخطية لم تعد حيث لم يكن ناموس
14 ولاكن تملك الموت من ادم الى موسى : وعلى الذين لم
15 [1]يخطون على شبه معصية ادم الذى هو شبه العتيد ولاكن ليس
كالعثرة كذلك والعطية ⁘ فان كان من اجل عثرة واحد كثير
ماتوا : اكثر بالفضل نعمة الله وعطيته : بنعمة انسان واحد يسوع
16 المسيح فى كثير فضلت ⁘ وليس كمثل واحد اخطأ تكون
العطية : وان القضاء من واحد الى الذنب : و اما العطية من
17 عثرات كثيرة الى البر ⁘ ان كان فى شان عثرة واحد تملك
الموت بالواحد : افضل كثيرا زيادة النعمة وعطية البر ياخذون :
18 وبالحياة يملكون بالواحد يسوع المسيح ⁘ اذ بعثرة واحد على
الناس كلهم الذنب : كذلك وبر واحد لجميع الناس بر الحياة :

[1] Sic in cod. (for يخطئوا).

V. 19 كمثل ما انه من اجل معصية انسان واحد قاموا [1]خاطئين
20 كثير: كذلك ومن اجل خضع واحد ابرار كثير يقومون: الناموس
دخل لكى تكثر العثرة: ولم تكثر الخطية ولاكن فضلت
21 النعمة: لكى كمثل ما تملكت الخطية بالموت فكذلك ايضا
VI. 1 تملك النعمة بالبر لحياة دهرية بيسوع المسيح ربنا ∴ فما ذا نقول
2 نمكث فى الخطية لكى تكثر النعمة: لا يكون: الذين متنا
3 فى الخطية كيف ايضا نحيا فيها ❁ تقرأ فى الاحد الثانى ❁ او
4 تجهلون ان كلنا اعتمدنا بيسوع المسيح بموته اعتمدنا: وقبرنا
معه بمعموديته للموت: لانه كمثل ما قام المسيح بمجد الاب
5 [2]هكذا ونحن بحياة جديدة نسلك: فان صرنا نصبة بشبه
6 موته ولاكن وبقيامته نكون: هذا فاعلموا ان انساننا العتيق قد
صلب معه لكى يبطل جسد الخطية لكى لا نتعبد للخطية ∴
7. 8 لان الذى قد مات قد صار برى من الخطية ∴ فان
9 كنا قد متنا مع المسيح فانا نامن انا نحيا معه: انا نعلم ان
المسيح قام من الموتى ولا يموت ايضا الموت لا يتملك عليه
10 ابدا: وما قد مات فى الخطية فقد مات بمرة:

[1] Cod. خاطين.   [2] Cod. هاكذا here and elsewhere.

VI. 11 وما مو حى فانه حى لله ∴ كذلك وانتم فتفكروا فى انفسكم
12 بانكم موتى فى الخطية واحياء فى الله بيسوع المسيح ❁ لا تملكن
13 الخطية فى جسدكم المائت لكى لا تخضع لها شهواته ∴ ولا
تقيموا اعضاكم سلاح ظلم للخطية: ولاكن اقيموا انفسكم لله
14 مثل احياء من الموتى: واعضاكم سلاح البر لله: لان الخطية لا
15 تملك عليكم وليس انتم تحت الناموس ولاكن تحت النعمة: فلما
ذا نخطىُ لانا ليس نحن تحت الناموس ولاكن تحت النعمة: لا
16 يكون: اليس تعلمون ان الذى اقمتم انفسكم له عبيد للخضوع
انكم عبيد للذى خضعتم: لان من الخطية للموت وان من
17 الخضوع للبر ∴ النعمة لله انكم كنتم عبيد للخطية وخضعتم للذى
18. 19 دفعتم اليه بشبه التعليم وعتقتم من الخطية وتعبدتم للبر ∴ مثل
انسان انا اقول من اجل ضعف جسدكم: كما اقمتم اعضاكم
عبيد للدنس والاثم للاثم: فهكذا الان اقيموا اعضاكم بالبر
20. 21 للقدس ∴ اذ كنتم عبيد للخطية احرار كنتم للبر: اى ثمرة كانت
لكم حينئذ الذى تخزوا عليها الان: ان اخرة [1]اولائك موت:
22 فالان قد عتقتم من الخطية وتعبدتم لله

[1] Cod. اولئك.

VI. 23 وثمرتكم لكم للقدس واخرتكم حياة للابد : لان ارزاق
الخطية موت : فاما عطية الله فانها حياة دهرية بيسوع المسيح
VII. 1 ربنا ⁖ او تجهلون يا اخوة انى انما اكلم الذين يعرفون
2 الناموس لان الناموس يتسلط على الانسان زمان [1] حياه : وان المرة
التى لها زوج فانها مربوطة بالناموس لزوجها الحى فان مات زوجها
3 فانه قد بطلت من ناموس زوجها : فاذ زوجها حى فانه يقال
لها فاتكة ان هى صارت لرجل آخر : فان مات زوجها فانها
حرة من الناموس ان لا تكون فاتكة ان هى كانت لرجل
4 آخر ⁖ وانتم الان يا اخوة قد متم بالناموس من اجل جسد
المسيح لتكونون لآخر للذى قام من الموتى لكيما نعطى
5 لله ثمرة . اذ كنا فى الجسد مصائب الخطايا التى بالناموس
6 كانت تهيج فى اعضاءنا لكيما تثمر للموت ⁖ فاما الان فقد
بطلنا من الناموس اذ قد متنا من الذى كنا ممسكين :
7 فالان نخدم بتجدد الروح ولا بتعتق الكتاب ⁖ فما ذا اقول
الناموس هو خطية لا يكون : ولاكنى لم اعلم الخطية الا
بالناموس : و لا كنت اعلم الشهوة لو لا ان الناموس كان
8 يقول لا تشتهى : فلما وجدت الخطية علة لحال الوصية

[1] Sic Cod. (for حياه).

عملت بى كل الشهوة : لان الخطية بغير الناموس ميتة :
VII. 9. فاما انا فقد كنت احيا قديما بغير الناموس : فلما [1]جاءت الوصية
10 عاشت الخطية اما انا فمت فالفيت لى الوصية التى لهذه الحياة
11 لموت ∴ اما الخطية لما اخذت [2]علة بالوصية غرتنى و بها قتلتنى :
12. 13 فالان الناموس قديس والوصية قديسة بارة صالحة : فالموت كان
لى للخير لا يكون : ولاكن الخطية لترى بانها خطية : ان
بالخير تعمل بى الموت : ليكون الخاطى فايض والخطية بالوصية ∴
14 نحن نعلم ان الناموس هو روحانى وانا جسدانى [3]مشترى تحت
15 الخطية وما ذا اعمل لست ادرى : ليس الذى اريد اياه اعمل :
16 ولاكن الذى ابغض اياه اعمل فان كنت الذى لا اريد اياه اعمل :
17 فانى اشهد للناموس انه صالح : والان لست ايضا اعود اعمله ولاكن
الخطية الساكنة فى ∴ وانا اعلم انه لا يسكن فى ذلك بجسدى
18 الخير : فاما الذى اريد فانه لى موضوع : فاما <ان> اعمل الخير لا اجد :
19 وليس ما اريد من الخير اياه اعمل ولاكن الذى لا اريد من
20 الشر اياه اعمل : فان كنت الذى لا اربد اياه اعمل : فلست
اعمله انا ولاكن الخطية الساكنة فى :

[1] Cod. جت. [2] علة inserted above the line. [3] Cod. مستوى.

VII. 21 فانى اجد ناموس الذى بى يعمل الخير لان الشر قريب
22. 23 موضوع : انى افرح بناموس الله مثل انسان الداخل : وانا ارى ايضا
ناموس آخر فى اعضاءى مقاتل لناموس عقلى ويسبينى لناموس الخطية
24 الذى فى اعضائى ⁘ انا انسان شقى من يخلصنى من جسد الموت :
25 اشكر لله بيسوع المسيح ربنا ⁘ انى انا بعقلى اتعبد لناموس الله
VIII. 1 فاما بالجسد فلناموس الخطية : فالان ليس عقوبة للذين بيسوع
المسيح يمشون ليس بالجسد لاكن بالروح ❀ تقرأ فى الاحد
2 الثالث ❀ ان ناموس روح الحياة بيسوع المسيح اعتقنى من ناموس
3 الخطية ومن الموت : لانه لحال ضعف الناموس الذى كان به
مريض بالجسد : بعث الله ابنه بشبه جسد الخطية و من اجل
4 الخطية ادان الخطية بالجسد : لكى يتم فينا بر الناموس للذين
5 ليس يسلكون بالجسد ولاكن بالروح : الذين هم بالجسد فانهم
6 يهتمون بالذى للجسد والذين بالروح للذى بالروح ⁘ ان فكر الجسد
7 موت وفكر الروح حياة وسلامة : لان فكر الجسد عداوة
لله ولناموس الله لا يستطيع يخضع :

VIII. 8.9 وان الذين بالجسد لا يستطيعون يرضون الله: وانتم لستم فى الجسد
لان فى الروح: فان كان روح الله ساكن فيكم وان
10 كان احد ليس فيه روح المسيح فذلك ليس هو له: ان كان
المسيح فيكم اما الجسد فميت من اجل الخطية واما الروح
11 فحياة من اجل البر: ان كان روح الذى اقام يسوع من
الموتى ساكن فيكم فالذى اقام المسيح من الموتى يحيى
12 اجسادكم من اجل روحه الساكن فيكم: فالان يا اخوة هو
13 واجب علينا ليس بالجسد مثل البشر نحيا: فان كان مثل البشر
تحيوا فانكم عتيدين ان تموتوا: فان كان بالروح باعمال
14 الجسد تموتون تحيون: اما كل الذين يتدبرون بروح الله
15 هولاء هم بنى الله: انكم لم تاخذون روح العبودية ايضا
للمخافة ولاكن اخذتم روح البنوة التى بها نصيح ايه الاب ابونا:
16. 17 والروح هو يشهد مع روحنا باننا ابنا الله: وان كنا ابنا فورثة لله:
18 وابنا ورثه المسيح: وان نحن وجعنا معه لكى نمجد معه: وانى
افتكر انكم لا تتسوى مصايب هذا الزمان للمجد العتيد
يظهر فينا:

VIII.19. ان رجا الخليقة ترتجى استعلان ابنا الله : لان الخليقة
20 تعبدت للباطل ليس برضاها ولاكن من اجل الذى خضع على
21 الرجا : ان هذه الخليقة تحرر من عبودية الغيار بحرورية مجد ابنا
22 الله ⁘ انا نعلم ان الخليقة كلها تتاهد و تتمخض حتى الان
23 وليس هذا فقط ولاكن الذين لهم [1]بدو الروح و نحن ايه الذين
24 فيهم البنوة [2]نرجو النجاة جسدنا بالرجا خلصنا : ان الرجا الذى يرّى
25 ليس هو برجا : الذى يرى الانسان فلاى شى [3]يرجو : فان
26 كنا نرجو ما لا نرى فان بالصبر ترجى وهكذا ايضا الروح
تعين ضعفنا : فان كنا نصلى لشى لا نعرفه ولاكن تلك الروح
27 ترغب عنا بالتنهد الذى لا ينطق به : والذى يفتش القلوب يعلم اى
شى فكر الروح انها ترغب عن القديسين ❀ فى العياد الشهدا ❀ انا
28 نعلم ان الذين يحبون الله فانه فى كل يعين فى الخير للذين هم
29 مدعين بالمسرة : ان [4]الذين عرف قديما وحدد بشبه صورة ابنه
30 ليكون بكر فى اخوة كثير ⁘ ان [4]الذين حدد لاولائك
دعى وللذين دعى لاولائك صدق وللذين صدق لاولائك
31 مجد ⁘ فما ذا نقول عن هولاء

[1] Cod. بدوا. [2] Cod. نرجوا. [3] Cod. يرجوا. [4] Cod. الذى.

VIII. 32 ان كان الله عنا فمن علينا : الذى لم يرثى لابنه [1]الخاص
ولاكنه اسلمه بدل كلنا : فكيف اليس كل شى يعطينا معه :
33. 34 من الذى يدعى على مختارى الله : الله الذى يصدق فمن
الذى يقضى عليه : يسوع المسيح مات : ولاكن قام من
35 الموتى الذى هو عن يمين الله يرغب عنا : من الذى يفرزنا
من حب المسيح حزن : او تنهد : او طرد : او جوع : او
36 عرى : او كربة : او سيف : كما هو مكتوب : ان من اجلكم
37 نموت كل النهار وحسبنا من الغنم للذبح : ولاكن بهذا كله
38 نغلب خذا بالذى احبنا ⁘ انا مستيقن انه لا موت : ولا حياة : ولا
ملائكة : ولا ريسا : ولا ما هو قايم ولا مستانف : ولا قوات :
39 ولا علو[2] : ولا عمق ولا خليقة اخرى تستطيع تفرزنا من حب الله
IX. 1 الذى بيسوع المسيح ربنا ❁ حق اقول للمسيح ولا اكذب وتشهد
2 معى نيتى بروح القدس انه لى حزن كثير ووجع لا يسكن
3 فى قلبى انى كنت اصلى انا ان اكون حرما من المسيح
4 عن اخوتى [3]وانسباى بالجسد الذين هم الاسرايلين الذين
لهم البنوة : والمجد : والعهود : ووضع الناموس : والخدمة : والمواعيد :
5 الذين منهم

[1] Cod. الخاصى. [2] Cod. علوا. [3] Cod. انسباتى.

المسيح بالجسد الذى هو اله على كل مبارك الى الدهور
IX. 6 امين ⁘ ليس من اجل ما لم تقع كلمة الله : وليس الذين من
7 اسرائيل[1] هولاء هم اسرائيل : ولا ايضا من اجل انهم زرع ابرهيم
8 كلهم بنون ولاكن باسحاق يدعى لك ولد الذين انهم ليس
بنى الجسد اولائك هم [2]بنو ابرهيم ولاكن بنى الموعد يحسبون
9 للزرع انها للميعاد هذه الكلمة ان مثل هذا الزمان اتيك
10 ويكون لسرة ابنا : وليس هذا فقط ولاكن ايضا وربقة من
11 مضجع واحد مع اسحاق ابونا من قبل ان يولدون او يعملون
خير او شر لتثبت مسرة (الله) كمختارة ليس من الاعمال
12. 13 قد اقيل لها ان الكبير يتعبد للصغير كما هو مكتوب
14 ليعقوب احببت [3]ولعيسو ابغضت ⁘ فما ذا نقول هل عند الله ظلم
15 لا يكون لانه قال لموسى انى ارحم على من ارحم واراف
16 على من اراف ⁘ والان ليس للذى يريد ولا للذى يجرى ولاكن
17 لله الرحيم : قال الكتاب لفرعون انى من اجل هذا اقمتك لان
18 ارى فيك قوتى لكى يكرز اسمى فى كل الارض ⁘ فالان
19 لمن شا يرحم ولمن شا يشدد : لعلك تقول لى لما ذا يلوم :
20 لانه من الذى ينتصب لفكره ⁘ فانت يا ايه الانسان

[1] Cod. اسريل here and elsewhere. [2] Cod. بنوا. [3] Cod. عيسوا.

من انت الذى تجاوب الله : هل تقول الخليقة لخالقها لما ذا
IX. 21 صنعتنى هكذا ⁘ او ليس للفخارى سلطان على الطينة ان يعمل
22 من معجنته منها انآ للكرامة : ومنها للهوان : فان كان الله يحب
يرى رجزه ويرى قوته : قرب بطول روحه انآ للرجز مهيا للهلاك
23. 24 لكيما يرى غنا مجده : على انآ الرحمة يسر قديما بالمجد بالذين
25 دعانا ليس لليهود فقط ولاكن ومن الامم : كما قال فى اوشع
النبى انى [1]ادعو الذين لم يكونوا شعبى شعبى وللتى ليس بمحبوبة
26 محبوبة : ويكون فى المكان الذى قلت لهم ليس انتم شعبى
27 هنالك يدعون ابنا الله الحى : ان اشعيا يصيح من اجل
اسرائيل ان عدد بنى اسرائيل مثل عدد رمل البحر فانه يخلص
28 منهم تركة ⁘ وانه يتم الكلمة ويقطع بالعدل ان الكلمة الجازمة
29 يصنع الله على الارض كما قال اشعيا ⁘ لو لا ان [2]الرب
الصاباوث ترك لنا نسلا لكنا مثل سدم ونشبهنا بجمرة ❁
30 تقرا فى الاحد الرابع ❁ فما ذا نقول ان الامم الذين لم
31 يكونوا يطلبون البر ادركوا البر الذى من الامانة : ان اسرائيل
32 الذى كان يطلب ناموس البر وناموس البر لم يدرك : لما ذا
لانه ليس من الامانة :

[1] Cod. ادعوا.   [2] Sic in Cod.

ولاكن كمثل اعمال الناموس لانهم بحق قد عثروا بحجر
IX. 33 العثرة : كما هو مكتوب انى واضع فى صهيون حجر
X. 1 العثرة وصخرة الشك وكل من يومن به لا يخزى ∴ يا اخوة
2 ان مسرة قلبى ورغبتى الى الله عنهم هى للحياة : وانا اشهد
3 عليهم ان غيرة الله فيهم ليس بعلم : يتجاهلون بر الله وبرهم
4 يريدون يقيمون ولبر الله لم يخضعون : تمام الناموس هو المسيح
5 للبر لكل الذى يومن به ∴ موسى قد كتب البر الذى من
6 الناموس بان الانسان الذى يعملها يحيا بها ∴ فاما البر الذى من
الامانة هكذا يقول لا تقول فى قلبك من صعد الى السما الذى
7 ينزل بالمسيح او من ينزل الى العمق ذلك هو يقول من
8 يصعد بالمسيح من الموتى ∴ ولاكن ماذا يقول الكتاب بان
الكلمة هى قريبة منك فى فمك وفى قلبك التى هى كلمة
9 الامانة التى نكرز : فان اقررت بقلبك بان الرب هو يسوع
10 وامنت فى قلبك بان الله اقامه من الموتى تخلص : ان القلب
11 اذا امن بالبر وبالفم يستودى فانه للخلاص ∴ الكتاب يقول كل
12 من يومن به لا يخزى ∴ ليس فصل لليهودى والحنيفى لانه هو
بحق رب كلهم الغنى لكل

X. 13.14 الذين يدعونه لان كل من [1]يدعو باسمه يخلص ⁘ كيف
يدعون [2]للذى لم يومنون به : كيف يومنون بما لم يسمعون :
15 كيف يسمعون بغير الذى يكرز: كيف يكرزون ان لم
يبعثون : كما هو مكتوب : ما احسن ارجل الذين يبشرون
16 بالسلام الذين يبشرون الخيرات ⁘ ولاكن ليس كلهم خضعوا
17 للانجيل : اشعيا يقول يا رب من امن بسمعتنا : فاذن الامانة من
18 السمع والسمع بكلمة الله ⁘ ولاكن انا اقول هل لم يسمعون :
19 فى كل الارض خرج نطقهم وفى اقطار البلاد كلامهم : ولاكن
انا اقول لعل اسرائيل لم يعلم : اولا موسى يقول : انا اغيرهم بلا امة
20 بامة غير فهمة ارجزهم : واشعيا يتسلك ويقول القيت للذين لم يريدونى
21 وصرت ظاهر للذين لم يسالون عنى ⁘ اما لاسرائيل فانه يقول :
XI. 1 بسطت يدى النهار كله الى شعب لا يقنع منافر ⁘ ولاكن انا
اقول هل دفع الله شعبه لا يكون : انى انا بحق اسرائيلى من
2 زرع ابرهيم من سبط بنيمن : لم يدفع الله شعبه الذى عرف
قديما : ام لم تعلموا اى شى يقول الكتاب فى ايلياس كيف كان
3 يصلى الله على اسرائيل قايلا : يا رب انبياك قد قتلوا

[1] Cod. يدعوا. [2] Cod. الذين.

XI. 4 ومذابحك اقلبوا وانا بقيت وحدى وهم يريدون نفسى : ولاكن
اى شى قال له القول : قد تركت لنفسى سبعة الاف رجل الذين
5 لم يحنوا ركبهم للبعل : وهكذا فى هذا الزمان بقية النعمة كانت
6 كمثل المختارة : لان النعمة ايضا لستها من الاعمال وان كانت
7 من الاعمال فلستها بنعمة لان العمل ليس يعمل ايضا ∴ ما ذا
الذى يريد اسرائيل ما لم يصيب فاما المختارة فقد اصابت واما ساير
8 هولاء فقد عميوا كما هو مكتوب ان الله قد اعطاهم روح
بلا مبالاة وعيون لا يبصروا واذان لا يسمعوا حتى هذا اليوم :
9 وداود يقول تكون ميدتهم لفخ ولمصادة ولشك ولجزا لهم :
10 تظلم عيونهم لكى لا يبصرون وظهورهم فى كل حين احنى ∴
11 واما اقول لعلهم اخطوا لكى يسقطوا لا يكون ولاكن عثرتهم
12 خلاص للامم ليغيرهم ∴ ان كانت عثرتهم غنا للعالم وخضوعهم
13 غنا للامم : فكم بزيادة تمامهم ∴ لكم اقول ايها الامم ما دمت
انا رسول الامم فانا لخدمتى امجد :

XI. 14. لعل اغير لحمى واخلص اناس منهم ⁘ فان كان رذلهم صلاح
15
16 للعالم: فاى شى اذن نصرهم الا الحياة من الموتى : فان كان
17 البدو[1] قديس والجبلة : وان كان العرق قديس والقضبان : وان
اناس من القضبان انقصفوا : فانت الذى انت زيتونة البرية ركبت
18 فيهم وصرت شريك للعرق ودسم الزيتونة : فلا تفتخر على القضبان
فان افتخرت فليس انت الذى تحمل العرق ولاكن العرق
19 الذى يحملك ⁘ انت تقول قد تقصفت القضبان لكيما اركب :
20 نعما : اما هولاء بغير الايمان تقصفوا وانت بالامانة قائم : فلا
21 تتفكر بالعظائم : والا فافزع : ان كان الله لم يرثى على
22 القضبان التى من الطبيعة ولا عليك ايضا يرثى ⁘ فانظر الى
طيب الله وحزمه : اما على الذين سقطوا فحزم وعليك انت فخيرات
23 الله ان انت تثبت فى خيرات الله والا فانت ايضا تقطع : والذين
ايضا ان لم يثبتوا بغير الامانة فانهم ايضا ساركبوا : لان
24 الله ايضا يستطيع يركبهم : فان كنت قطعت من الزيتونة البرية
التى هى من الطبيعة وركبت بغير الطبيعة

[1] Cod. بدوا.

لزيتونة طية فكم هو بزيادة اولائك الذين هم من الطبيعة يركبوا
XI. 25 على زيتونتهم ∴ لست اشا يا اخوة ان تجهلوا هذا السر لكيما لا تكونوا
فقها فى انفسكم لان [1]العماية كانت لاسرائيل من ناحية حتى يدخل
26 تمام الامم وهكذا يخلص كل اسرائيل ∴ كما هو مكتوب ياتى
27 من صهيون المنجى ويرد النفاق من يعقوب وهذا لهم منى
28 عهدا اذا غفرت خطاياهم ∴ فاما نحو الانجيل فاعدا من اجلكم
29 واما مثل الخيارة احبا من اجل الابا : فان مواهب الله ودعوته ليس
30 بمندومة ∴ كمثل ما انتم كنتم قديما لم تخضعوا لله فالان قد
31 رحمتم بمعصية اولائك : هكذا الان وهولاء لم يخضعوا لرحمتكم
32 لكى وهم ياتون الان : بحق قد حبس الله لكل بمعصية لكى
33 يرحم كل ∴ يا لعمق غنا الحكمة ومعرفة الله الذى لا تفحص
34 قضاياه ولاتدرك طرقه من عرف عقل الرب او من صار له
35. 36 مشاورا او من تقدم فاعطاه واجزاه لان منه وبه واليه كل شى
له المجد الى الادهور امين

[1] Cod. العماة.

XII. 1 ۞ تقرا فى حد الصوم الثانى ۞ انا ارغب اليكم يا اخوة برافة الله ان تقيموا اجسادكم ذبيحة حية قديسة مرضية لله

2 خدمتكم المتكلمة ولا تتشبهوا بهذا العالم ولاكن تبدلوا بتجديد عقلكم لتجربوا اى شى مسرة الله الصالحة المرضية

3 التامة وانا اقول لكلكم بالنعمة التى اعطيت لى : ان لا تتفكروا افضل مما ينبغى ولاكن تفكروا لتتعففوا لكل احد

4 كما قسم الله له قدر الامانة مثل ما بجسد واحد لنا اوصال كثيرة

5 فاما الاوصال كلهن ليس عملهن بواحد : كذلك اذ نحن كثير فانا جسد واحد بالمسيح وكل واحد منا فانا اوصال بعضنا بعض

6 ۞ تقرا فى الاحد الثالث من الصوم ۞ معنا عطايا مختلفة كالنعمة التى اعطيت لنا : ان كانت نبوة كقدر فكر الامانة : او

7. 8 خدمة فى الخدمة : او الذى يعلم فى التعليم : او المعزى بالعزا او الذى يعطى بالانبساط : او الذى يقوم بالعجلة والذى يرحم بالبها :

9. 10 حب لا مواربه فيه : تبغضون الشر وتلزمون الخير وبحب الاخوة : ولبعضكم بعض تكونوا رحومين

XII. 11 وتسابقوا بالكرامة بعضكم الى بعض : وبالاجتهاد فلا تكونوا
12 كسالى : وبالروح تغلون وللرب تخدموا : وبالرجا فرحين : بالحزن
13 صابرين : وبالصلاة صابرين : وبحاجة القديسين تشاركون وبحب
14 الغربا تطلبون وتباركوا على الذين يطردونكم : بركوا ولا تلعنوا :
15. 16 لتفرحوا مع الذين يفرحون وتبكوا مع الذين يبكوا ذلك
لبعضكم بعض تفكروا : ولا تتفكرون بالعظائم ولاكن
مع المتضعين فتدبروا ❁ تقرا فى حد الرابع من الصوم ❁
17 لاتكونوا حكما فى انفسكم ولا تجازوا احد شر بدل شر :
18 ولاكن تفكروا الخير قدام الناس كلهم : فان كان [1]يستطيع
19 الذى منكم فكونوا مسالمين مع الناس كلهم ولا تنتقموا
لانفسكم يا [2]احباى لانه مكتوب بان لى النقمة وانا اجزى
20 قال الرب ⁘ ولاكن ان جاع عدوك فاطعمه وان عطش فاسقيه :
21 فاذا انت فعلت هذا جمر من نار تجمع على راسه : فلا تغلب من
XIII. 1 الشر ولاكن اغلب الشر بالخير : كل نفس فلتخضع للسلاطين
التى فوقها لانه ليس سلطان الا من الله : فما كان من الله
فهو متقن :

[1] Cod. يستطاع [2] Cod. احباتى.

XIII. 2 يكون كل من شاغب السلطان فانه يقاوم ما قد تقن الله:
3 والذين يناصبون فانهم ياخذون لانفسهم القضا: لان الريسا ليس
هم بفزع للذى يعمل الخير ولاكن للشر: تريد ان لا تخاف
4 السلطان فاعمل الخير ويكون لك منه المدحة لانه هو خادم الله
لك بالخير: فان عملت شر فاخشاه: ليس باطل يلبس السيف: لانه
5 هو خادم الله: ومنتقم للرجز من الذى يعمل الشر: لذلك
بالاضطرار فاخضعوا ليس من اجل الرجز فقط ولاكن من اجل
6 النية: ولذلك تعطون الجزية لانهم خدام الله لذلك انتم صابرين
7 ❀ تقرا فى حد الخامس من الصوم ❀ اوفوا لكل احد غرمة الخراج
لصاحب الخراج: ولصاحب الزكاة زكاته: ولصاحب المخافة
8 مخافة: ولصاحب الكرامة كرامة: ولا يكون لاحد عليكم
شى ولاكن تحبوا بعضكم بعض: ان الذى يحب صاحبه فقد
9 كمل الناموس: اما ان لا تفتك ولا تقتل ولا تسرق ولا
تشتهى واى وصية اخرى تتم بهذه الكلمة اذا انت [1]احبت قريبك
10 مثل نفسك ∴ ان الحب للقريب ان لا تصنع شر وتمام
الناموس الحب:

[1] Cod. احببت.

XIII. 11 وهذا انتم تعلمون ان الساعة قد حانت ان نستيقظ من النوم ﴿

12 اما الان فقريب منا الخلاص افضل من حين امنا ﴿ ان الليل قد جاز والنهار قد اقترب فلنغرب عنا اعمال الظلمة ونلبس

13 سلاح النور كما نمشى بالنهار بشكل حسن : لا بعنا: ولا

14 بسكر: ولا بمضاجع: ولا بفحشا: ولا بمرا: ولا بغيرة : ولاكن البسوا الرب يسوع المسيح: ولا تعملون هوى الجسد بالشهوة ۞

XIV. 1.2 وللذى هو ضعيف فاقبلوه: ولا بشكوك الهموم : ان الذى يامن

3 فلياكل شى فالذى هو مريض ياكل بقل ﴿ والذى ياكل فلا يرذل الذى لا ياكل : والذى لا ياكل فلا يدين

4 للذى ياكل لان الله قد قربه: انت من انت الذى تدين عبد غريب : انه لربه قائم او واقع : فان قام ان الله قادر يقيمه :

5 ان من يدين يوم من يوم وان من يدين كل يوم

6 كل انسان فليتيقن بعقله : ان الذى يهتم باليوم فلربه يهتم والذى لايهتم باليوم لربه لايهتم والذى ياكل للرب ياكل فليشكر للرب والذى لا ياكل بالرب لا ياكل ويشكر

7 للرب ﴿ ليس انسان

XIV. 8. لنفسه حى : وليس انسان يموت لنفسه : فان كنا للرب
احيا فللرب نحيا: وان متنا فبالرب نموت : وان حيينا وان
9 متنا فللرب نحن : بهذا المسيح مات وقام لكيما يسود الاحيا
10 والاموات : انت لماذا تدين اخوك او انت لاى شى ترذل اخوك :
11 كلنا سانقوم قدام منبر المسيح لانه مكتوب انى حى قال الرب
12 ولى تركع كل ركبة وكل لسان يشكر للرب ⁘ وكل واحد منا
13 عن نفسه يعطى جواب لله ولا ندين ايضا لبعضنا بعضا ولاكن هذا
فدينوا بالفضل : ان لا نضع لاخ عثرة او شك ❁ تقرا فى
14 حد الحروم ❁ انى اعرف واقنع بيسوع المسيح ان ليس شى
15 دنس فى ذاته الا للذى يتفكر بانه دنس لذلك هو دنس : فان
كان فى شان الطعام يحزن اخوه فانك ليس تمشى بالحب
ايضا : فلا تهلك لذلك بطعامك الذى من اجله مات المسيح
16. 17 ولا يجدف بخيركم لانه ليس ملكوت الله طعام وشراب ولاكن
18 بر وسلامة وفرح بروح القدس فالذى يخدم المسيح بهذا فانه مرضى
لله ومجرب فى الناس :

فالآن نطلب ذوات السلامة وذوات البنيان لبعضنا بعض : ليس ^{XIV.19.} ²⁰

من اجل الطعام يحل عمل الله : كل شى ذكى ولاكن

هو خبيث للانسان الذى هو ياكل بالعثرة : اخير ان لا ناكل 21

لحم ولا نشرب خمر ولا شى يعثر فيه اخوك ٠: انت لك امانة مثل 22

ما فى نفسك يكون لك قدام الله : طوبى للذى لا يدين نفسه

بما يجرب ان الذى يدين ان اكل فقد ادين لانه ليس من 23

الامانة : ان كل شى ليس من الامانة فهو خطية : فانه واجب XV.1

علينا نحن الاشدا ان نحمل ضعف الذين لا يقوون ولا نرضى

انفسنا : ولاكن كل واحد منا يرضى قريه بالخير للبنيان 2

لان المسيح لم يرضى نفسه الا كما هو مكتوب : لان عار 3

الذين يعيروك وقع على : كل شى كتب لتعليمنا قديما كتب 4

ان من اجل الصبر وبعزا الكتب يكون لنا رجا: اله الصبر 5

والعزا يعطيكم لتتفكروا ذلك فى بعضكم بعضا مثل يسوع المسيح

لتكونوا بهوى واحد وفم واحد تسبحون لله اب ربنا يسوح المسيح ٠: 6

لذلك فاقبلوا بعضكم بعض 7

XV. 8 كمثل ما ان المسيح قبلنا لمجد الله : انا اقول ان المسيح
كان خادم الختان من اجل تصديق الله ليثبت مواعيد
9 الابا : ان الامم من اجل الرحمة يسبحون لله كما هو مكتوب
10 لذلك اشكر لك فى الامم ولاسمك ارتل ⁘ وايضا يقول افرحوا
11 ايها الامم مع شعبه ⁘ وايضا سبحوا كل الامم الرب ويسبحوه كل
12 الشعوب ⁘ وايضا اشعيا يقول يكون اصل يسى والذى يقوم ريس
13 الامم وعليه تتكل الشعوب ⁘ اله الرجا يملاكم من كل فرح
14 وسلامة لتامنوا وتفضلوا بالرجا بقوة روح القدس ⁘ انا يا اخوة اقنع
من اجلكم لانكم ممتلين من الخير وممتلين بكل العلم تستطيعوا
15 لبعضكم بعض ⁘ اجتريت يا اخوة وكتبت اليكم من [1]جزو لكى ان
16 اذكركم من اجل النعمة التى اعطيت لى من الله لكى ان اكون
خادما ليسوع المسيح واكهن انجيل الله لكى يكون قربان
17 الامم متقبلا مقدسا بروح القدس ⁘ ان لى الافتخار بيسوع المسيح
18 الذى الى الله انى لست اتسلط اقول شى ما لم يعمل المسيح
على يدى

[1] Cod. جزوا.

XV. 19 لخضوع الامم بالكلمة والعمل وبقوة الايات والعلامات وبقوة
روح القدس كما انى من اوروسلم وحولها حتى الى يريقوا
20 ليتم انجيل المسيح ⁘ هكذا اجتهد ان ابشر ليس حيث سمى
21 فيه المسيح لكيما لا ابنى اساس غريب: ولاكن كما هو
مكتوب سيبصرون الذين لم يقال لهم من اجله والذين لم
22 يسمعون يفهمون: لذلك كنت امتنعت كثيرا لان اتيكم ⁘
23 والان حيث ليس لى مكان فى هذا الريف اشتهى لناتيكم منذ
24 سنين كثيرة لكى انطلق الى اسبانية انا ارجو انى حين اجوز
ان اراكم ومن عندكم ابعث الى هناك: ان كان منكم
25 اولا من جزو اتملا ⁘ والان انطلق الى اوروسلم اخدم القديسين:
26 وان مقدونية واخاية اشتهوا ان تكون لهم خدمة للمساكين
27 القديسين الذين فى اوروسلم وقد سروا ايضا وواجب عليهم لهم:
فانهم ان كانوا روحانيتهم شاركوا الامم فانه واجب عليهم فى
28 البشريين ان يشاركوهم ⁘ فاذا اتممت لهم وختمت لهم هذه
29 الثمرة مررت بكم الى اصبانية ⁘ انا اعرف انى

XV. 30 اجيكم بتمام بركة المسيح ساتيكم ⁘ انى ارغب اليكم
يا اخوة بالرب يسوع المسيح وبحب الروح ان تجهدوا معى فى
31 صلواتكم[1] من اجلى الى الله لتنجو[2] من الذين لا يقنعون فى
32 اليهودية وخدمتى الى اوروسلم تكون مقبولة للقديسين لكيما
33 اتيكم بالفرح بسرور الله واستريح معكم : اله السلام مع
XVI. 1 كلكم امين ⁘ وقد اقمت لكم اختنا افيين التى هى خادمة
2 الكنيسة التى فى قنخروس لتقبلوها بالله كما يسوى للقديسين
وقوموا لها بكل امر تحتاج لانها صارت قايمة على كثير وعلي[3] ⁘
3 اقروا السلام على ابرسقة واقيلا الذين هم وزرانى بيسوع المسيح
4 الذين جعلوا رقابهم من اجل نفسى : الذى لست اشكرهم انا قط
5 ولاكن كنايس الامم كلها والكنيسة التى فى بيتها ⁘ اقروا
6 السلام على ابنطن الذى هو راس اسية بالمسيح ⁘ اقروا السلام
7 على مريم التى شخصت اليكم كثير ⁘ اقروا السلام <على>
اندرانيقس ويونية انسبانى والذين سبيوا معى الذين هم معلومين
8 فى الرسل الذين من قبلى كانوا فى المسيح ⁘ اقروا السلام على
امبليا حبيبى بالرب ⁘

[1] Cod. صلاواتكم. [2] Cod. لتنجوا. [3] Cod. عليه.

XVI. 9 اقروا السلام على اربانن العامل معنا بالمسيح واسطاشن حبيبى ⁘
10. 11 اقروا السلام على [1]الذين من ارسطبلو ⁘ اقروا السلام على
اروذيون نسيبى ⁘ اقروا [2]السلام على [1]الذين من نرقيسوا الذين
12 هم بالرب ⁘ اقروا السلام على طرقونن واطرفوسة الشاخصات بالرب
اقروا السلام على برسيدة الحبيبة التى شخصت كثير بالرب ⁘
13. 14 اقروا [2]السلام على روفس المختار بالرب وامه اياه وامى ايضا ⁘ اقروا
السلام على سنقرطن وعلى فلغنطا وارمن وبطروبن وعلى هرمانت
15 والاخوة الذين معهم ⁘ اقروا السلام على فيلولغن ويوليان وعلى
16 اختهم : وعلى اولنبار وكل القديسين الذين معهم ⁘ اقروا
السلام على بعضكم بعضا بقبلة القديسة ⁘ يقرونكم السلام
17 كل كنايس المسيح ⁘ انا ارغب اليكم يا اخوة ان تتحسسوا
عن الذين بالشقاق والشكوك على غير التعليم الذى تعلمتم
18 تعملون : وحيدوا عنهم لان مثل هولا لربنا المسيح لا يتعبدوا
ولاكن لبطونهم وبحسن الكلام والبركة يغرون قلوب
19 المبسوطين : ان خدوعكم لكل قد بلغ ⁘ انى بحق افرح
بكم واريد ان تكونوا

[1] Cod. الذى. [2] Cod. السلم.

حكما للخير [1]ووديعين للشر: اله السلام يسحق الشيطان XVI. 20
21 تحت ارجلكم عاجلا ⁘ نعمة ربنا يسوع المسيح مع كلكم ⁘ اقروا
السلام على طيموثيوس وزيرى ولوقيس وباسن وسوسيطر انسباى ⁘
22 انا اقريكم السلام انا طرطيوس الذى كتبت هذه الصحيفة
23 بالرب ⁘ يقريكم السلام غايوس صاحب منزلى وكل الكنيسة ⁘
25 يقريكم السلام ارسطس مدبر المدينة وقوارطس الاخ ⁘ فاما
الذى يستطيع ان يثبتكم مثل بشرانى وكرزى يسوع المسيح
26 كمثل وحى السر مخزون من ازمان الدهر اعلن الان
بكتب الانبيا كمثل وضع الله الازلى لخضع الامانة لكل
27 الامم الذى قد عرف بالله الواحد الحكيم بيسوع المسيح له
24 المجد الى دهرر الداهرين امين نعمة يسوع المسيح مع
كلكم امين

رسالة بولس القديس الرسول الى قرنثية [2]الاولى

I. 1 بولس رسول منتجب يسوع المسيح برضا الله وسسنس الاخ الى
2 كنيسة الله التى بقرنث المقدسين بيسوع المسيح القديسين
المنتجبين مع كل من [3]يدعو بسم الرب يسوع المسيح فى

[1] Cod. وودىعى.   [2] Cod. الولا   [3] Cod. يدعوا.

I. 3 كل مكان هو لهم ولنا ⁘ النعمة والسلام لكم من الله
4 ابينا ومن ربنا يسوع المسيح ⁘ انى احمد الاهى عنكم فى كل
5 حين بنعمة الله التى اعطيتموها بيسوع المسيح ⁘ لانكم فى
6 كل استغنيتم به فى كل كلمة وفى كل معرفة : لان
7 شهادة المسيح ثبتت فيكم وانكم لم تنقصوا شى من النعمة
8 لرجاكم بوحى ربنا يسوع المسيح الذى ثبتكم حتى انقضا
9 التمام غير ملامين فى يوم ربنا يسوع المسيح ⁘ صادق الله الذى
10 به دعيتم لمشاركة ابنه يسوع المسيح ربنا ⁘ وانا ارغب اليكم
يا اخوة فى شان اسم ربنا يسوع المسيح لذلك فقولوا كلكم
ولا يكون فيكم شقاقا ⁘ ولاكن تكونوا متهيين تامين
11 فى هذا الراى وبهذه المعرفة ⁘ قد بلغنى عنكم يا اخوة من
12 قبل خليس ان المناقرة هى فيكم وانا اقول هذا ان كل
انسان منكم يقول انا من حزب بولس اخر يقول انا من حزب
13 ابلاوا واخر يقول انا من حزب المسيح ⁘ هل تقسم المسيح لعل
14 بولس صلب عنكم او بسم بولس اعتمدتم ⁘ وانى احمد الاهى
15 انى لم اصبغ احد منكم الا قرسبون وغايبون ⁘ لكى لا
يقول احد انه

I. 16 بسمى[1] اصطبغتم ⁘ اعمدت بيت اسطفن والان لست اعلم انى عمدت
17 احد اخر غيرهم ⁘ لان المسيح لم يرسلنى اعمد ولاكن ابشر ⁘
وليس من حكمة كلمة لكى لا يتنقض صليب المسيح ⁘
18 كلمة الصليب للضالين هى حماقة ⁘ فاما لنا ايه المخلصين
19 فهو قوة الله ⁘ لانه مكتوب انى مهلك حكمة الحكما وفهم
20 الفهما اغدر ⁘ اين الحكيم ⁘ اين الكاتب ⁘ اين ملتمس
21 هذا العالم ⁘ لانه بحكمة الله لم يعرف العالم بحكمة الله ⁘
22 بل اسّر الله بحمق الدعوة يحفظ للذين يامنوا ⁘ لان اليهود
23 يطلبون ايات ⁘ والحنفا يلتمسون الحكمة ⁘ فاما نحن نكرز
24 المسيح المصلوب ⁘ اما لليهود فشك وللامم حمق ⁘ فاما للمختارين
25 من اليهود ومن الحنفا المسيح قوة الله وحكمة الله لان
حمق الله احكم من الناس هو وضعف الله اقوى من الناس
26 هو ⁘ انظروا يا اخوة الى دعوتكم لان ليس مثل الجسد حكما
27 كثير : وليس اقويا كثير ولا حسيبين كثير ولاكن الله
اختار حمق العالم ليخزى به الحكما : واختار الله ضعف هذا
28 العالم ليخزى به القوة واختار الله دناة العالم ورذالته وما لم يكون
لكى يبطل الذى كان

[1] Cod. اسطبغتم.

I. 29. 30 لان لا يفتخر كل جسد قدام الله ⁘ وانكم لمنه مختارون
بيسوع المسيح الذى كان لنا حكمة من الله : عدل
31 وقدس ونجاة كما هو مكتوب ⁘ من افتخر بالله فليفتخر ⁘
II. 1 وانى يا اخوة اذ قدمت اليكم بفضل كلمة من الحكمة
2 ولاكن حيث نخبركم شهادة الله : وانى لم ادين شى اعرفه
3 فيكم الا يسوع المسيح ولسيما مصلوب : وانا بضعف ومخافة
4 ورعب كثير كنت فيكم لان كلمتى وكرزى ليس بكلام
5 قنع من حكمة الناس ولاكن بريا الروح والقوة ليلا تكون
6 امانتنا بحكمة الناس لاكن بقوة الله ⁘ ولاكن
نتكلم بحكمة التامين الحكمة التى ليس من هذا العالم
7 ولا من اراكنة هذا العالم الذين يبطلون : ولاكن نتكلم
حكمة الله بالسر التى هى مخفية التى حدد الله قديما قبل العالم
8 لمجدنا التى لم يعرفها احد من اراكنة هذا العالم ولو عرفوا لم
9 يصلبوا رب المجد : ولاكن كما هو مكتوب ما لم ترى عين
ولم تسمع اذن ولم يخطر على قلب انسان ما قد اعد الله للذين
10 يحبونه ⁘ فاما لنا نحن فاوحى الله بروحه : لان الروح تستبحث غور
11 الله : من من الناس علم

II. 11 ما فى الانسان الا روح الانسان التى فيه: كذلك فالتى فى الله
12 احد لم يعلم الا روح الله ⁘ فاما نحن لم ناخذ روح العالم الا الروح
التى من عند الله لكى نعلم الموهبة التى اعطينا من الله
13 التى نتكلم ⁘ ليس من تعليم كلام حكمة [1]الانسية ولاكن
14 بتعليم روحانية الروح الروحانية اخبرنا: فاما الانسان النفسانى لايقبل
الذى لروح الله لانها له حمق ولا يستطيع ان يعرفها لانه يدان
15 روحانية لان الروحانى يدين كل شى وهو لا يدان من
16 احد ⁘ من الذى علم عقل الرب الذى يكون له مشاورا: فاما
III. 1 نحن فان عقل المسيح معنا ⁘ وانا يا اخوة لم استطيع اكلمكم
مثل الروحانين الا مثل البشرين مثل الاطفال فى المسيح
2 انى قد سقيتكم لبنا ليس طعام حتى الان ليس تستطيعوا ولا
3 تستطيعوا [2]احدا: لانكم بعد جسدانيين حيث فيكم الغيرة
4 والمناقرة اليس انتم جسدانيين ومثل الانسان تمشوا: حيث احد
يقول انا من حزب بولس واخر يقول انا من حزب ابللوا
5 اليس انتم اناس: من ابللوا من بولس هم خدام الذين به
6 امنتم: ولكل واحد كما اعطاه الرب: انا غرست وابللون سقى
ولاكن الله انمى:

[1] Cod. النسبة. [2] Sic in Cod.

III. 7 لان الذى غرس ليس هو شى ولا الذى سقى الا الله الذى
8 ربى : لان الذى يغرس والذى · يسقى هما واحد وكل واحد
9. 10 ياخذ اجره نحو عناه : لانا نحن فعلة الله وفلحة الله وبنيان الله ⁘ على
نحو موهبة الله التى اعطيت انا : وضعت اساس كمثل حكيم
11 راس النجارين وان الاخر هو الذى يبنى واساس اخر احد ليس
12 يستطيع ان يضع سوى الموضوع الذى هو يسوع المسيح : وان
بنى احد على هذا الاساس ذهب او فضة او حجارة كريمة او خشب
13 اوحشيش او قصب وسايستبين لكل واحد عمله لان النهار يخبر ان
بالنار يبدوا : وعمل كل احد كالذى هو: النار هى التى تجربه
14. 15 او عمل من يمكث الذى بنى ياخذ اجرة او عمل من يحترق
16 يخسر اما هو [1]فينجو: كذلك مثل ما فى النار ⁘ اليس تعلمون انكم
17 هيكل الله وروح الله ساكنة فيكم ومن يفسد هيكل الله
18 يفسده الله لان هيكل الله قديس الذين انتم هم ⁘ فلا يغر
احد نفسه الذى يظن فيكم انه حكيم فى هذا العالم
19 فليكون احمق لكى يكون حكيما : لان حكمة
هذا العالم هى حماقة عند الله لانه مكتوب

[1] Cod. ينجوا.

III. 20 الزم الحكما بحيلهم وايضا الرب يعرف فكر الحكما
21 انهم بطالين ∴ والان فلا يفتخر احد فى الناس : كل شى
22 لكم ان كان بولس وان كان ابللوس وان كان كيفاس
وان كان العالم وان كانت الحياة وان كان الموت وان
23 كان قايم او مستانف كل شى لكم وانتم للمسيح والمسيح
IV. 1 لله ∴ كذلك ونحن يتفكر انسان مثل خدام المسيح وسايسين
2 لسراير الله : والان ما طلبتم فى سياسة لكى من هو صادق :
3 وانها لى محقرة ان اذان منكم او من قبل يوم الانسية وانى لست
4 مدين نفسى لانه لاعلم لى شى فيه ولا بهذا اصدق والذى
5 يدينى هو الرب : والان فلا تدينوا قبل الحين حتى ياتى الرب
الذى يكشف خفيات الظلمه والذى يكشف موامرة القلوب
6 حينئذ تاتى المدحة من الله : وهذا يا اخوة شبهت نفسى وابللون من
اجلكم لتعلموا فيكم ان لا تتفكروا فيكم اكثر مما هو
7 مكتوب : لكى لا يكون احد يتنفخ على صاحبه : من هذا
الذى يدينك وما ذا يكون لك ما لم تاخذ وان كنت اخذت
8 فلاى شى تفتخر كمثل من لم ياخذ : وانكم قد شبعتم
واستغنيتم : من غيرنا ملكتم : وليت

IV. 9 انكم ملكتم لكى نتملك معكم ⁘ ولاكن ارجو
ان الله قد اعلمنا نحن المرسلين اخيرا مثل مايتين : لانا صرنا
10 ضحكة للعالم وللملايكة وللناس ⁘ نحن سفها من اجل
المسيح : وانتم حلما بالمسيح : نحن ضعفا : وانتم اقويا : انتم
11 ممجدين ونحن غير مكرمين ⁘ حتى هده الساعة : ونحن جياع
12 عطاش عراة مقموعين تايهين شخصة نعمل بايدينا ⁘ مشتومين ونحن
13 نبرك عليهم ⁘ مطرودين ونحن نصبر لهم : يجدفون علينا ونحن
نرغب اليهم : حتى صرنا مثل قذر العالم : مرذولين لكل احد
14 الى الساعة ⁘ وانى لست اخزى ان اكتب اليكم بهذا ولاكن
15 مثل بنين المودة اعظكم : ولو كان لكم ربوات اداب
بالمسيح ولا ابا كثير: ولاكن بيسوع المسيح [1] بالانجيل انا
16. 17 ولدتكم : وانا ارغب اليكم ان تكونوا كشبهى ⁘ لذلك انا
بعثت اليكم طيموثيوس الذى هو ابنى وحبيبى ومصدق بالرب :
الذى يذكركم طرقى التى بيسوع المسيح : فى كل مكان اعلم
18 فى جميع الكنايس ⁘ حيث لم اجيكم انتفخ منكم اناس
19 وانا اتيكم عاجلا ان اراد الرب

[1] Cod. بالنجيل.

IV. 20 ونعلم ان ليس كلمة الذين انتفخوا ولاكن قوتهم : وليس
21 بالكلمة ملكوت الله ولاكن بالقوة : اى سشى تريدوا ان
V. 1 اجيكم بالعصاة او بالحب وبروح الدعة : يقينا قد سمع فيكم
الزنا : واى زنا الذى ليس فى الامم مثله لان فيكم من
2 اتخذ امراة ابيه له مرة وانتم تنتفخون من بدل ان تنوحون
3 لينزع من بينكم الذى يعمل هذا العمل ∴ واذ انا غايب
بجسدى فانى حاضر بروحى معكم وانى قد قضيت مثل حاضر
4 على الذى يعمل هذا العمل : بسم الرب يسوع المسيح اذا اجتمعتم
5 وبروحى وبقوة ربنا يسوع ان تسلموا ذلك للشيطان لهلاك جسده
6 لكى تخلص روحه فى يوم يسوع المسيح ∴ وان فخركم ليس
بحسن : اليس تعلمون ان خميرة قليلة تخمر المعجن كله :
7 طهروا الخمرة العتيقة كما تكونوا معجنة جديدة كنحو ما
8 انتم فطير : لان فصحنا المسيح ذبح عنا : والان نعبد ليس
9 بخميرة عتيقة ولا بخميرة [1]سوء وزنا ولاكن بفطير نقى وحقيق ∴
10 وانى كتبت اليكم فى الصحيفة لا تخالطوا الزناة : وليس [2]زناة
هذا العالم فقط ولاكن الذين يتكثرون ولا الخطافين ولا
عباد الاصنام :

[1] Cod. سوا. [2] Cod. زنا.

V. 11 اذن يتبرى لكم ان تخرجون من هذا العالم ⁘ والان
كتبت اليكم لاتعاشرون الزناة : ان اخ منهم او زانى او
عابد الاصنام : او متكثر او مفترى : او سكير : او خطاف :
12 مع مثل هولاء لا تطعموا : ما لى ان ادين من كان
13 خارجا : اليس انتم تدينوا من كان داخل فاما الذى خارج الله
VI. 1 يدين ⁘ انزعوا الشر من بينكم : وهل يتسلط احد منكم
اذا كان بينه وبين صاحبه شى ان يدين على ظلم ولا على
2 القديسين . او ليس تعلمون ان القديسين يدينون هذا العالم : وان
3 كان العالم بكم يدان فانكم لا تسوون بالدين الحقير : او
4 ليس تعلمون انا ندين ملائكة وليس كمثل دين هذا العالم :
ان يكون فيكم دين هذا العالم للمقصيين فى الكنيسة
5 لاولائك تجلسوا ⁘ انما اقول لمخزيكم : وهذا لم يكون فيكم
6 حكيم واحد الذى يستطيع ان يدين ما بين اخوة : ولاكن
7 اخ مع اخوه يقضى وهذا للذين لا يومنون : وهذا هو لكم
خضوع لابد : اذ لكم قضيات مع بعضكم بعض : ولاكن
لما ذا لا تظلموا او لاى شى

VI. 8. 9 لا تنتقصوا : ولاكن تظلمون وتنتقصون وذلك للاخوة : او
ليس تعلمون ان الظلمة لا يرثوا ملكوة الله ⁘ لا تطغون فانه
لا زناة ولا عباد الاصنام ولا فاتكين ولا مفسدين : ولا الذين
10 ينضجعون مع الذكورة : ولا سراق : ولا متكثرين : ولا
السكارى : ولا سبابين : ولا خطافين يرثون ملكوت الله :
11 وهذا قد كنتم انتم : ولاكن قد استحممتم وتقدستم وتبررتم
12 بسم الرب يسوع المسيح وبروح الاهنا ⁘ كل شى يحل لى
ولاكن ليس كل شى ينفع : كل شى يحل لى ولاكن
13 ليس لاحد عليه سلطان ⁘ الطعام للبطن والبطن للطعام ولاكن
الله لهذه ولهولاء يبطل : فاما الجسد ليس هو للزنا ولاكن للرب
14. 15 والرب للجسد : ان الله اقام الرب ولنا يقيم بقوته ⁘ اليس تعلمون
ان اجسادكم هم اوصال المسيح فاخذ اعضا المسيح واجعلها
16 اعضا للزانية لا يكون او لا تعلمون ان الذى تلتزق الزانية هم
17 جسد واحد قد قال يكون [1]اكليهما بالجسد واحد : والذى
18 يلتزق بالرب فانه روح واحد ⁘ فروا من الزنا لان كل خطية
يعملها الانسان فانها خارجة من جسده

[1] Sic in Cod.

VI. 19 فاما الذى يزنى فانه بجسده الخاصى يخطى ⁘ اليس تعلمون
ان اجسادكم هيكل هى لروح القدس الساكن فيكم الذى
20 معكم من الله وليس انتم لانفسكم لانكم قد اشتريتم
VII. 1 بثمن : فمجدوا الله باجسادكم ⁘ اما من اجل الذى كتبتم
2 الي به اخير للرجل ان لا يمس امراة : ولاكن فى شان
الزنا فكل رجل فليمسك امراته : وكل امراة فلتمسك رجلها :
3. 4 والرجل لمرته فليعطى ما ينبغى : وكذلك ايضا المرة لرجلها : ان
المرة ليس لها سلاطة على جسدها الخاصى ولاكن للرجل
وكذلك ايضا الرجل فلا يكون له سلاطة على جسده الخاصى
5 ولاكن للمرة : لا تنقصوا من بعضكم بعض ان لم يكون
شى من شرط الى حين معلوم لكيما تتفرغوا للصلاة وايضا
تكونوا جميعا لكى لا يبتليكم الشيطان من اجل انه لا اصطبار
6. 7 لكم ⁘ وهذا انا اقول لكم كمعذرة ولا كالوصية : كنت
اريد ان يكونوا الناس كلهم مثل نفسى : ولاكن
لكل انسان له عطية خاصية من الله : منهم هاكذا :

VII. 8 ومنهم هاكذا : ولاكن انا اقول للذين لم يتزوجون انه وللارامل
9 اخير لهم ان يمكثوا مثلى : فان لم يصبروا فليتزوجوا فانه اخير
10 له يتزوج من ان يحترق ⁘ اما الذين قد تزوجوا فانى اوصى
11 لست انا ولاكن الرب : المرة فلا تفارق زوجها وان هى
فارقته فلتبقى بغير تزوج او تراضى زوجها والرجل فلا يضع مرته ⁘
12 اما للبقية فانا اقول انا وليس الرب ان كل اخ له مرة و لستها
13 بمومنة وهى تسر ان تساكنه فلا يتركها ⁘ والمرة التى لها
رجل ليس بمومن وهو يسر يسكن معها فلا تترك رجلها :
14 فانه قد قدس الرجل الذى لا يامن بالمرة : وقدست المرة
التى لا تومن بالاخ والا فان ابناهم دنسين : اما الان فهم
15 مقدسين : فان كان الذى لا يومن يفارق فليفارق : وليس
16 اخونا بمعبد او اختنا فى هذا وشبهه : لان بالسلام دعانا ربنا : فما ذا
تعلمى ايها المرة ان كنت تحفظين الرجل او ما ذا تعلم ايه
17 الرجل انك تحفظ المرة ولاكن لكل احد كما قسم الرب
وكل انسان كما دعاه الرب كذلك يسلك وكذلك
انا امر فى كل الكنايس :

VII. 18 ان دعى انسان مختون فلا يزيد : وان دعى انسان فى
19 الغرلة فلا يختتن لان الختنة ليس هى شى ولا الغرلة ليس هى
20 شى ولاكن الاحتفاظ بوصايا الله ⁘ وكل احد بالدعوة التى
21 دعى بها فليثبت : عبد دعيت فلا تبالى : ولاكن ان استطعت
22 ان تكون حرا : بل بالفضل فاخدم : اما الذى دعى عبد
بالرب فانه حر من الرب : وايضا الذى دعى حر فانه عبد للمسيح :
23. 24 انكم بثمن اشتريتم فلا تكونوا عبيد اناس : وكل انسان
25 بما دعى يا اخوة به فليثبت قدام الله ⁘ فاما من اجل العذارى
فوصية من الرب فليس عندى ولاكن مثل مرحوم من الرب
26 ان اكون مومنا : انى اظن ان هذا حسن هو من اجل
27 الكربة القايمة انه اخير للانسان ان يكون هاكنا : انت
مربوط لمرة فلا تريد انحلال : انت محلول من امراة فلا تريد
28 امراة : وان تزوجت لم تخطى وان تزوجت عذرا لم تخطى لان
29 شدة هى فى الجسد [1]للذين هم هاكذا : اما انا فانى [2]ارف عليكم ⁘
وهذا انا اقول يا اخوة من الان ان الزمان قد انجبذ لكى
30 يكونوا الذين لهم نسا مثل الذين ليس لهم والذين
يكون مثل

[1] Cod. الذين. [2] i. e. اراف.

الذين لا يكون : والذين يفرحون مثل الذين
VII. 31 لا يفرحون : والذين يشترون مثل الذين لا يمسكوا والذين
يعملون فى هذا العالم مثل الذين لا يعملون لانه [1]يغير زى
32 هذا العالم : وانا اريد ان تكونوا بغير هم ∴ ان الذى لم
33 يتزوج فانه يهتم بذات الرب كيف يرضى الرب : والذى قد
34 تزوج فانه يهتم بذات العالم كيف يرضى المرة فقد قسم : والمرة
ايضا التى لم تتزوج والعذرا تهتم بذات الرب لتكون قديسة
بالجسد والروح والتى تزوجت فانها تهتم بذات العالم كيف ترضى
35 الرجل : وهذا انا اقول لمنفعتكم ليس لكى اخذكم بالمشراك
36 ولاكن ان تكونوا بزى حسن وبثبات للرب بغير عنا ∴ وان
كان احد يستقبح فى عذراته يظن انه قد عبر ابانها فهاكذا
37 ينبغى ان يكون ما شا فليصنع ليس يخطى فليزوج ∴ فاما
الذى مو ثابت فى قلبه ولا مشقه عليه فله سلطان فى هواه وكذلك
38 قضى فى خصوصية قلبه ان يحفظ عذراته فنعما يصنع : فالان من
39 زوج عذراته فنعما يصنع والذى لا يزوج فهو افضل ما صنع : ان
المرة فانها مربوطة كل حين ما عاش زوجها

[1] Cod. بغير.

فان مات زوجها فانها حرة لمن شات تتزوج بالرب فقط :
VII. 40 طوبى لها ان هى ثبتت هاكذا مثل رايى : وانا ارى ان
VIII. 1 روح الله معى ∴ فاما من اجل [1]الذبيحة الاصنام فانا نعلم ان
2 كلنا معنا علم وان العلم ينفخ والحب يبنى ∴ وان كان
انسان ظن انه يعلم شى فانه حتى الان لم يعلم كما
3 ينبغى له ان يعلم : ان كان انسان يحب الله فهذا قد عرف
4 منه ∴ فاما من اجل اكل ذبيحة الاصنام فانا نعلم ان الصنم
5 فى العالم ليس هو شى وليس اله الا واحد : وان اناس يدعون
الهة ان كان فى السما وان كان فى الارض كمثل ما
6 هم الهة كثيرة وارباب كثيرة : ولاكن لنا اله واحد اب
الذى منه كل شى ونحن اليه وبرب واحد يسوع المسيح
7 الذى به كل شى ونحن به ولاكن ليس كل يعلم :
ان اناس حتى الان فى نيتهم الاوثان ولاكنهم ياكلون
8 ذبيحة الاوثان ونيتهم هى مريضة نجسة ❁ اما الطعام فانه لا
يقيمنا قدام الله : وانا ان لم ناكل لم ننتقص : وان اكلنا لم
9 نفضل ∴ انظروا ان لا يكون سلطانكم هذا عثرة
10 للضعفا : لانه ان اراك انسان انت يا مذا الذى عندك العلم
متكى فى بيت

[1] Sic in Cod.

الاوثان اليس نية ذلك الضعيف تبنى لياكل ذبيحة الاوثان :
VIII. 11. 12 فيهلك اخونا الضعيف بعلمك الذى من اجله مات المسيح وكذلك
تخطون باخوتكم وتضربون نيتهم الضعيفة وتخطون عند المسيح ⁘
13 لذلك ان كان الطعام يشكك اخى لا اكل لحم ابدا
IX. 1 لكى لا اشكك اخى : اليس انا حر اليس انا رسول اليس
2 قد رايت يسوع ربنا : اليس انتم عملى بالرب فان كنت رسول
لاخرين ولاكن انا لكم : ان خاتم رسالتى انتم هم بالرب :
3. 4 وان معذرتى للذين يدينونى هذه هى ⁘ لعل ليس لنا سلطان
5 ناكل ونشرب او لعل ليس لنا سلطان امراة اخت ان نطوف
6 معنا مثل ساير الرسل واخوة الرب وكيفا او انا وبرنابا وحودنا ليس
7 لنا سلطان نعمل : من يكون فارسا بزاد نفسه : من ينصب
كرم ولا ياكل من ثمرته او من يرعى رعية ولا ياكل
8 من رعيته : لعلى مثل انسان اقول هذا : او الناموس لم يقول :
9 ان فى الناموس مكتوب لا تبلجم الثور الذى يدرس : هل
10 على الثيران يشفق الله : او من اجلنا يقينا قال : من اجلنا كتب
لان بالرجا ينبغى الحراث يزرع والذى يدرس على الرجا ياخذ :

IX. 11 فان كنا نحن زرعنا لكم الروحانيات فعظيم هو ان
12 يحصد [1]جسدانياتكم ، وان كان لاخرين لهم عليكم سلطان
اليس نحن افضل ، ولاكن لم نعمل بهذا السلطان ولاكن كل
13 شى نصبر لكى لانجعل قطع لانجيل المسيح ⁘ اليس تعلمون
ان الذين يعملون فى الهيكل من الهيكل ياكلوا والذين فى
14 المذبح مواصبين يقسم لهم ⁘ كذلك ايضا والرب امر للذين
15 يكرزون الانجيل من الانجيل يعيشون : اما انا فلم اعمل فى
واحد من هولاء : ولم اكتب هذا لكى يكون هذا فى : لانه
16 اخير لى وافضل ان اموت من ان يخيب انسان فخرى ⁘ فان
كنت ابشر فليس هو لى بفخر فانه مضطر لى واقف ويلى ان لم
17 ابشر : فان كنت من مسرتى اصنع فان لى اجر وان كان
18 بغير مسرة فانه بالتدبير امنت ⁘ فما ذا هو اجرى لكى ابشر :
19 بغير نفقة اضع بالانجيل اذا لا اعمل بسلطانى فى الانجيل ⁘ اذن
انا حر من كل لكل عبدت نفسى لكى اربح لكثير ⁘
20 وكنت لليهود مثل اليهودى لكى اربح اليهود : وللذين تحت
الناموس مثل الذين تحت الناموس

[1] Cod. جسداينة نياتكم.

وان كنت ليس بتحت الناموس لكى اربح الذين
IX. 21 تحت الناموس ⁘ وكنت للذين ليس لهم ناموس مثل الذى ليس
له ناموس وان كنت انا ليس بغير ناموس الله ولاكن
22 بناموس المسيح لكى اربح للذين بغير ناموس : وكنت للضعفى
مثل الضعيف لكى اربح الضعفى : لكل كنت فى كل
23 شى لكى اخلصهم بيقينا : كل شى اعمله فى شان الانجيل
24 لانى صرت شريكه ⁘ اليس تعلمون ان الذين يجرون فى
للمجرى كلهم يجرى وواحد منهم هو الذى ياخذ الجائزة ⁘
25 كذلك فاجروا لكيما تبلغوا فان كل من يجاهد فانه
يتعفف على كل شى : لكى اولائك ياخذون كليل
26 يبلى : اما نحن فالذى لا يبلى ⁘ اما انا فهاكذا اجرى ليس
27 على امر معلوم : وهاكذا اصارع ليس كضارب الهوا ولاكن
امسك جسدى واعبده لكى لا ابشر اخرين واكون انا على
X. 1 غير تجربة ⁘ تقرا فى يوم صوم القائد فى القدس ⁘ لست اريد ان
تجهلوا ايها الاخوة لان ابانا كلهم كانوا تحت الغمام وكلهم
2 فى البحر جازوا وكلهم بموسى اصطبغوا فى الغمام وفى البحر

X. 3. 4 وكلهم ذلك الطعام الروحانى اكلوا : وكلهم ذلك
الشراب الروحانى شربوا : كانوا يشربوا من الحجر الروحانى
5 الذى كان يلحقهم : فاما الحجر فهو كان المسيح ❁ لاكن
6 ليس بكثرتهم اسر الله لانهم صرعوا فى البرية اولائك كانوا
شبه لنا لكى لا نكون نحن نشتهى الشر مثل اولائك الذين
7 اشتهوا : ولا ايضا نكون عباد الاوثان مثل اناس منهم كما
هو مكتوب انه جلس الشعب ياكلون ويشربون وقاموا يلعبوا :
8 ولا ايضا تزنى مثل اناس منهم زنوا ثم وقعوا فى يوم واحد اربعة
9 وعشرين الف : ولا نجرب الرب مثل ما جربوا اناس منهم
10 وهلكوا من الحيات : ولا ايضا تتزعموا كمثل اناس منهم
11 تقمقموا وهلكوا من المهلك ⁘ وهولاء بشبه ما عرضت لاولائك
12 وكتبت لعظتنا للذين فى اخر الدهور بلغت : فالان الذى يظن
13 انه يقوم فلينظر ان لا يقع ⁘ ان التجربة لم تلزمنا الا كالانسية :
صادق هو الله الذى لم يدعنا اكثر مما نطيق ولاكن يجعل
المخرج بالتجربة لكى نستطيع نصبر

X. 14. 15 لذلك يا [1]احباى فروا من عبادة الاوثان ولاكن اقول كمثل
16 لحلما ⁘ اقضوا انتم ما اقول ان كاس البركة الذى نبرك
اليس هو شركة دم المسيح : والخبز الذى نكسر شركة
17 جسد المسيح لان خبزة واحدة وجسد واحد ونحن كثير وان
18 كلنا من خبزة واحدة ناخذ ⁘ انظروا الى اسرائيل بالبشرية اليس
19 الذين ياكلون الذبايح هم شركا المذبح ⁘ فماذا اقول
20 ان ذبيحة الاوثان اى شى هى او الصنم اى شى هو الا ان
الذين يذبحون الامم للشياطين يذبحون وليس لله : لا اريد
21 ان تكونوا شركا للشياطين لا تستطيعون ان تشربون كاس
الرب وكاس الشياطين ليس تستطيعون ان تاخذون من ميدة
22 الرب ومن ميدة الشياطين ⁘ ام لعلنا نغير الرب ام لعلنا اقوى منه ⁘
23 كل شى فانه يحل لى ولاكن ليس كل شى ينفع
24 كل شى يحل لى لاكن ليس كل شى يبنى : لا
25 يكون كل انسان يريد لنفسه ولاكن ولغيره ⁘ كل شى
26 يباع فى اللحامة فكلوا ولا تشكوا فى شى لحال النية لان
27 بحق للرب الارض وملاها ⁘ فان دعاكم احد من غير
المومنين وتريدوا ان تمروا

[1] Cod. احبائى.

فكل شى يقدم لكم فكلوا ولا تشكوا لحال النية

X. 28 فان قال لكم احد بانه ذبيحة الاوثان فلا تاكلوا لحال

29 ذلك الذى اعلمكم ولحال النية ∴ وانا اقول ليس فى شان

نيته ولاكن فى شان نية الاخر: لماذا لحريتى تدان من

30 قبل نية كثير: فان كنت انا بالنعمة اخذ لماذا اجدف من نحو

31 الشى الذى اشكر ∴ ان اكلتم او شربتم وما صنعتم من شى

32 لمجد الله فاصنعوا وكونوا بغير عثرة لليهود والحنفا ولكنيسة الله:

33 مثل ما انا لكل شى فى كل شى ارضى: لست اريد منفعة

XI. 1 نفسى ولاكن لكثير لكى يحفظوا: كونوا شبهى

2 كما انا بالمسيح وانا امدحكم لانكم تذكرونى فى كل:

3 كمثل ما دفعت اليكم الوصايا فتمسكوا ∴ اريد منكم ان

تعلموا ان راس كل رجل هو المسيح وراس المرة الرجل وراس

4 المسيح هو الله ∴ فكل رجل يصلى او يتنبا مغطى الراس فهو

5 يخزى راسه وكل امراة تصلى او تتنبا وهى مكشوفة راسها فانها

6 تخزى راسها لانها سوى مثل التى تحلق راسها: فان كانت

لا تغطى راسها

فلتحلقه: فان كان قبيح للمرة ان تحلق راسها او
XI. 7 تجزه فلتغطى راسها ⁘ فاما الرجل فليس ينبغى له ان يغطى
راسه لانه هو صورة الله ومجده: اما المرة فانها مجد الرجل:
8 وان الرجل ليس هو من المرة ولاكن المرة من الرجل
9 ولم يخلق الرجل من اجل المرة ولاكن المرة من اجل
10 الرجل من اجل ذلك يحق على المرة ان تكون لها على
11 راسها سلطان لحال الملائكة: بل ولا المرة بغير رجل ولا
12 رجل بغير امراة بالرب: وكما ان المرة من الرجل فكذلك
13 والرجل من اجل المرة وكل شى من الله ⁘ اقضوا بينكم
14 وبين انفسكم: هل ينبغى للمرة ان تصلى لله مكشوفة الراس ولا
هذه الطبيعة تعلمكم: لان الرجل ان كانت له شعره فانها
15 له هوان والمرة اذا هى ربت شعرها فانه لها مجد: لان الجمة
16 اعطيت مكان الحاف: فان كان انسان مجادا فان هذه السنّه
17 ليست عندنا ولا عند كنايس الله ⁘ وهذا انا اوصى ولا امدح
18 انكم لا تجتمعوا للفضل: او لا انكم اذا اجتمعتم فى الكنيسة
19 انا اسمع ان فيكم شقاقا واصدق ببعضها: لا بد من ان
يكون فيكم مرا

XI. 20 لكيما يكونون المجربين فيكم بينين ∴ انكم اذا
21 اجتمعتم جميعا ليس لتاكلون عشا الاحد ولاكن كل
انسان عشاه الخاص يتقدم وياخذه حيث ياكل فمنكم جايع
22 ومنكم سكران : هل ليس لكم بيوت لتاكلون وتشربون
او تزهدون بكنيسة الله وتحزنون الذين ليس لهم شى : اى
شى اقول لكم امدحكم فى هذا : لا امدحكم ❀ للخميس
23 الكبير ❀ اما انا فقد قضيت من الرب ما قد دفعت اليكم
24 ان ربنا يسوع فى الليلة التى بها ٱسلم اخذ خبز فشكر وكسر
وقال هذا هو جسدى الذى عنكم كسر وهذا تكونوا تصنعوا
25 لتذكرتى : وايضا الكاس من بعد ما تعشى قال هذه الكاس
العهد الجديد بدمى هذا تكونوا تفعلوا متى ما شربتم لتذكرتى :
26 متى ما اكلتم هذا الخبز وشربتم هذا الكاس فانكم موت
27 الرب تخبروا حتى ياتى ∴ يكون ذلك الذى ياكل الخبز
ويشرب كاس الله غير مستوجب فانه محجوج فى جسد الرب ودمه :
28 فليجرب الانسان نفسه وهاكذا ياكل

XI. 29 ويشرب من الخبز ويشرب من الكاس: ان الذى ياكل ويشرب
غير مستوجب فان له دينونة حين ياكل ويشرب لانه لم يخص
30 جسد الرب ⁘ لذلك فيكم ضعفا ومرضا كثير وفيكم نيام
31. 32 كثير: لو كنا ندين انفسنا لما كنا ندان: ولاكن اذ
33 ندان من الرب نودب لكيما لا يقضى علينا مع العالم ❁ فالان يا
34 اخوة اذا اجتمعتم لتاكلون فانتظروا بعضكم بعضا: فمن كان
منكم جايعا فلياكل فى بيته لكيما لا تجتمعوا لدينونة فاما على
XII. 1 ساير هولاء اذا جيت اوصيتكم ⁘ اما من اجل الروحانين يا اخوة
2 ليس اريد ان تجهلوا تعلمون انكم حيث كنتم الى الاوثان
3 التى لا تتكلم. ولا تصوت حين كنتم تساقوا وتقادوا لذلك
اخبركم انه ليس احد بروح الله يتكلم يقال حرام يسوع
4 ولا احد يستطيع يقول الرب يسوع الا بروح القدس ⁘ ان تقسم
5. 6 العطايا فان ذلك الروح: وتقسم الخدمات هم وهو الرب: وتقسم
7 الاعمال هم وهو الله الذى يعمل كل فى كل: قد اعطى
8 كل واحد استعلان الروح للمنفعة: لمن هو بالروح اعطى
كلمة الحكمة

XII. 9 وللاخر كلمة المعرفة كنحو ذلك الروح ∴ ولاخر عطايا
10 الشفا فى ذلك الروح : ولاخر اعمال القوات : ولاخر النبوة : ولاخر
تفصيل الارواح : ولاخر اجناس [1]الالسنة ولاخر ترجمة [2]الالسن :
11 وهذا كله يعمله واحد وهو ذلك الروح الذى يقسم لكل واحد
12 خاصته كمسرته ∴ وكما ان الجسد هو واحد وله اعضا كثيرة
واعضا الجسد كثيرة هى والجسد هو واحد كذلك والمسيح :
13 ونحن ايضا كلنا بروح واحدة وجسد واحد اصطبغنا ان
كانوا يهود وان كانوا حنفا وان كانوا عبيد وان كانوا احرار
14 كلنا بروح واحد اصطبغنا : وان الجسد ليس هو [3]بعضو واحد
15 ولاكن كثير : ان تقول الرجل ليس انا يد ليس انا من
16 الجسد فليس من اجل هذا لستها من الجسد : وان قالت الاذن
انى لست بعين لست من الجسد فليس من اجل هذا لستها
17 من الجسد : فلو كان الجسد كله عين فاين السمع : ولو
18 كان كله سمع فاين الشم : فالان قد جعل الله اعضا
19 لكل واحد منهم فى الجسد كما شا : ولو انهم كلهم كن
وصل واحد فاين الجسد :

[1] Cod. الالاسنه.   [2] Cod. اللاسن here and elsewhere.   [3] Cod. بعضوا.

XII. 20. فاما الان فانهن اعضا كثيرة والجسد واحد لا تستطيع
21 العين تقول لليد انى لست احتاج اليك او ايضا الراس للرجلين
22 انى لست بمحتاج اليكما : ولاكن اكثر بالفضل اعضا الجسد
23 الذين يظنوا انهن ضعاف فانهن بالاضطرار يحتاج اليهن فالتى يظن
بهن انهن هينات فى الجسد فلهولاء تفضل الكرامة الفاضلة والتى هن
24 عورتنا فلهن كرامة فاضلة فاما التى لنا لها زى حسن فليس
يحتجن . ولاكن الله مزج الجسد بالنقص واعطاه الكرامة الفاضلة
25 لكيما لا يكون شق فى الجسد : ولاكن تلك تقسم الاعضا
26 بعضها بعضا ومتى ما وجع [1]عضو واحد فانها جميع الاعضا توجع
معه : وان مجد [1]عضو واحد تفرح معه كل الاعضا ❁ تقرا فى
27 اعياد الرسل والانبيا ❁ انتم جسد المسيح واعضا من [2]الجزو والذين
28 وضع الله فى الكنيسة اولا رسلا : والثانى الانبيا : والثالث معلمين :
بعد ذلك قوات : بعد ذلك عطايا الشفا : ناصرين : مدبرين : واجناس
29 الالسن : هل كلهم رسلا : هل كلهم انبيا : هل كلهم
30 معلمين : هل كلهم قوات : هل كلهم بالالسن يتكلمون :
هل كلهم يترجمون :

[1] Cod. عضوا. [2] Cod. الجزوا here and elsewhere.

XII. 31 كونوا الان غيورين بالعطايا الفاضلة وايضا اريكم الطريق
XIII. 1 الفاضلة : ان كان بالسنة الناس اتكام والملائكة ولا
يكون في حب فقد صرت مثل نحاس يطن او كالصلصل
2 المصوت : وان كانت فيه النبوة واعرف السراير كلها وكل
المعرفة : وان كانت فيه الامانة كلها حتى ازعزع الجبال
3 وحب ليس فيه فلست بشى : وان اطعمت كل شى اقتنيه وان
اسلمت جسدى لكى ان احترق وحب ليس في فانى لا انفع شى ∴
4 ان الحب يطيل الروح : محسن : ان الحب لا يغار : لا يتعظم
5 بالنفخ ولا يتنفخ : لا يخزى : ولا يريد الذى له : ولا يغيظ : ولا
6. 7 يتفكر بالشر : ولا يفرح بالظلم : بل يفرح بالحق : كل
8 يحتمل كل يصدق : كل يرجو : ان الحب لا يسقط
ابدا : وان بطلت النبوات : وان كفت الالسن : وبطل
9. 10 العلم : من جزو نعرف : ومن جزو نتنبا : فاذا جا التمام حينئذ
11 يبطل الجزو ∴ ان كنت صبى كنت اتكلم مثل صبى
وكنت اتفكر مثل صبى وكنت اهتم مثل صبى فلما صرت
12 رجل بطلت ذوات الصبى ∴ والان فانا نرى فى المراة

بغمزة : فاما حينئذ فوجه مستقبل وجه نعرف من جزو: حينئذ
XIII. 13 اعرف كما انى قد عرفت ∴ واما الان تمكث الامانة والرجا
XIV. 1 والحب هولاء الثلاثة وافضل من هولاء الحب فاطلبوا الحب وغيروا
2 بالروحانيات افضل من ان تتنبوا : فالذى يتكلم باللسان فانه ليس
يكلم الناس ولاكن لله : لانه لا يسمعه احد لانه بالروح
3 يتكلم السراير: اما الذى يتنبا فانه للناس يكلم طلبة وعزا :
4 والذى يتكلم باللسان فانه يبنى نفسه والذى يتنبا فانه يبنى الكنيسة
5 وانا اريد ان تتكلموا كلكم بالالسن وافضل لكى ان
تتنبوا ان الذى يتنبا افضل من الذى يتكلم بالالسن الا ان
6 يترجم كما تاخذ الكنيسة بنيان ∴ والان يا اخوة ان جيتكم
واكلمكم بالالسن ماذا انفعكم ان لم اكلمكم بالاستعلان :
7 او معرفة او بنبوة او بتعليم ∴ ولاكن التى ليس لها نفس [1] تعطين
صوتا : وان كانت زمارة او قيثارة لا يعطى تفصيل للمنطق
8 كيف يعرف الزمير او طرب القيثارة : والقرن ان اعطى صوت لا
9 يعرف فمن يتهيا للقتال : كذلك وانتم باللسان

[1] Cod. يعطين.

ان تعطوا كلمة <غير> معروفة فكيف يعرف المتكلم
XIV. 10 تكونوا تتكلموا فى الهوا ⁘ مثل هولاء هم اجناس الالسنة فى العالم :
11 وليس شى بغير صوت فان لم اعلم قوة الصوت فاذن اكون للذى
12 يتكلم بربرى ⁘ كذلك وانتم فكونوا غيورين بالارواح بنيان
13 الكنيسة وزيدوا لكى ان تفضلوا : لذلك الذى يتكلم بلسانه
14 فليصلى لكى يترجم : ان صليت بلسانى فان روحى الذى يصلى
15 ويصير عقلى بلا ثمرة ⁘ فماذا هو : اصلى بروحى واصلى بعقلى :
16 وارتل بروحى وارتل بعقلى ⁘ لانك ان باركت بروحك الذى هو
يملا مكان الغيبى : فكيف يقول امين بصلاتك او فى شكرك
17 لانه ماذا تقول لا يدرى وانت نعما تشكر ولاكن اخر
18. 19 لا يبنى ⁘ اشكر الله عن كلكم افضل باللسان اتكلم : ولاكن
انا اريد فى الكنيسة بخمسة كلمات ان اتكلمها بعقلى لكى
20 اعلم او ربوات من الكلام بلسانى ⁘ يا اخوة لا تكونوا صبيان
فى عقولكم ولاكن كونوا صبيان فى الشر اما بتفكركم فكونوا
21 تامين ⁘ مكتوب فى الناموس ان بالسنة غريبة وشفاه غريبة اكلم
هذا الشعب

XIV. 22 ولا هاكذا تسمعون منى قال الرب ⁘ فاذن تكون الالسن
للعلامات ليس للذين يامنوا فقط ولاكن للذين لا يامنوا : فاما
23 النبوة ليس للذين لا يامنون ولاكن للذين يامنوا ⁘ فان اجتمعت
الكنيسة كلها وكلهم يتكلمون بالالسنة فيدخلون الذين لا
يحسنون او الذين لا يومنون اليس يقولون بانكم تايهين :
24 فان كانوا كلهم يتنبون فيدخل انسان لا يامن او
25 عى فيبكت من كلهم فيفحص من كلهم فتستبين سراير قلبه :
وكذلك يخر على وجهه ويسجد لله ويخبر انه بحق ان الله هو
26 فيكم ⁘ فماذا يا اخوة حين تجتمعون وكل انسان منكم
يكون عنده مزمور : او له علم : او له وحى : او له لسان : او له
27 ترجمة : فكل هولاء فليكونوا للبنيان ⁘ فان كان انسان
يتكلم بلسان على اثنين او اكثر ثلثة فواحد واحد وواحد
28 يترجم وان لم يكون مترجم فليصمت فى الكنيسة فليكلم
29 نفسه ولله : اما الانبيا فاثنين او ثلثة فليتكلمون واما سايرهم
30 فليفصلون فان استعلن لاخر الذى هو جالس : الاول
31 فليصمت فانكم تستطيعون كل واحد واحد كلكم تتنبون
لكى يتعلم كل

XIV. 32. 33 وكل يتعزى : وروح الانبيا تواتى للانبيا لانه ليس هو الله
بالعيب ولاكن السلام : مثل ما فى جميع كنايس القديسين :
34 اما النسا فليصمتنه فى الكنايس وانه لا ينبغى لهن ان يتكلمنه
35 ولاكن يخضعنه كما قال الناموس : فان كن يردن ان
يتعلمن شيا ففى بيوتهن فليسلن رجالهن : قبيح للامراة ان
36 تتكلم فى الكنيسة او لعل منكم خرجت كلمة الله او
37 اليكم بلغت فقط ⁘ فان ظن احد انه نبى او روحانى فليعلم ماذا
38 كتبنا اليكم لان الوصية هى للرب : فان انكر احد فلينكر :
39 فالان يا اخوتى غاروا لكى تتنبوا ولا تمنعوا من ان يتكلم
40 بالالسن : كل شى يحسن الهية والطقس ❀ تقرا فى صباح
XV. 1 حد الفصح فى القدس ❀ فاعلمكم يا اخوة ان الانجيل الذى
2 بشرتكم به ذلك الذى اخذتم الذى انتم فيه ثابتين الذى به
3 تخلصوا : باى كلمة بشرتكم ان انتم امسكتموها والا مجان امنتم ⁘
او لا اعطيتكم ما قد اخذت لان المسيح مات عن خطايانا مثل ما
4. 5 فى الكتب وانه قد قبر وانه قام فى اليوم الثالث وانه ارى لكيفا
6 ثم بعد للاثنا عشر وبعد ذلك ارى على خمس مایة اخوة

XV. 7 بمرة : وان اكثرهم حى حتى الان واخرون انضجعوا : ثم بعد
8 ذلك ارى ليعقوب بعد ذلك لجميع الرسل ⁘ واخر كلهم مثل
9 السقط ارى لى : انا بحق اصغر من كل الرسل الذى لست
10 اسوى ان ادعى رسول : لانى طردت كنيسة الله : وانا بنعمة الله
كالذى انا ونعمته التى الى لم تكون خايبة ولاكن افضل من
11 كلهم عنيت لست انا ولاكن نعمة الله الذى بى ⁘ ان
كنت انا وان كانوا هم فهاكذا نكرز وهاكذا صدقتم ❀
12 ❀ للموتى تقرا فى ذكرهم ❀ ان كان المسيح يكرز بانه قام
من الموتى كيف يقولون اناس فيكم انه ليس قيامة
13 للموتى : فان لم [1]تكون قيامة للموتى ولا المسيح لم [1]يقوم :
14 فان كان المسيح لم [1]يقوم فان كرزنا خايبا واماتتكم خايبة
15 ونلفى شهود كذبة على الله لان شهدنا على الله انه اقام المسيح
16 الذى لم [1]يقيم فاذن الموتى لا يقوموا ⁘ فان كان الموتى لم
17 يقوموا ولا المسيح لم [1]يقوم فباطلة هى اماتتكم وايضا تبقوا فى
18 خطاياكم والذين ماتوا فى المسيح هلكوا ❀ الموتى ايضا ❀
19 وان كنا انما نترجى فى هذه الحياة بالمسيح فقط

[1] Sic in Cod.

XV. 20 فانا اذن اشقى الناس كلهم ⁘ فالان المسيح قام من
21 الموتى بذو[1] المنضجعين : من اجل ان بانسان كان الموت
22 وبانسان قيامة الموتى فكما ان بادم كل مات وكذلك
23 بالمسيح كل يحيوا : كل انسان فى مرتبته اياه : اما [2]البدو
24 هو المسيح ثم بعد ذلك الذين للمسيح بايتيانه ثم بعد ذلك الفراغ ⁘
اذا آسلم الملك لله الاب : اذا ما بطل كل رياسة : وكل
25. 26 سلطان وقوة : ينبغى له ان يملك حتى يضع تحت رجليه والاخرى
27 [3]العدو الذى هو الموت يبطل : كل شى خضع تحت رجليه فحين
يقول ان كل شى قد خضع يعلم انه بغير الذى خضع له كل
28 شى : فاذا ما خضع له كل شى حينئذ هو الابن يخضع للذى
29 خضع له كل شى لكيما يكون الله كل بكل ⁘ والا
فكيف يصنعون الذين بصطبغون من اجل الموتى فان كانوا
30 الموتى البتة لا يقومون فلماذا يعتمدون بدلهم ولماذا نحن
31 فى كل ساعة فى البلا الشديد وكل يوم اموت : لا وفخركم
32 الذى هو لى بيسوع المسيح ربنا ⁘ ان كنت مثل انسان قاتلت
السباع فى اقسس فاى شى ينفع ان كان الموتى لا يقومون
ناكل اذن ونشرب

[1] [2] Cod. بدوا. [3] العدوا.

XV. 33 غدا نموت ⁘ لا تضلعوا لان كلام السو يفسد الاخلاق
34 الصالحة ⁘ فيقوا بالبر ولا تخطون فان فيكم اناس فيهم جهالة
35 فى الله انما اقول ذلك لفضيحتكم ⁘ ولاكن يقول انسان كيف
36 يقومون الموتى باى جسد ياتون ⁘ ايه الجاهل انت الشى الذى
37 تزرع ان لم [1]يموت لا يعيش : والشى الذى تزرع ليس هو الجسد
المولود الذى تزرع ولاكن حبة عريانة او قمحة او شى من
38 غير ذلك مما بقى : والله يعطيه جسد كما قد شا ولكل واحد
39 من الزراع جسد خاصى ⁘ ليس كل جسد هو جسد : جسد
اخر للناس وجسد اخر للدواب وجسد اخر للطير وجسد اخر للسمك :
40 واجساد سماوية واجساد ارضية : ولاكن اخر هو مجد السماوين
41 واخر مجد الارضين واخر مجد الشمس واخر مجد القمر واخر مجد
الكواكب ⁘ وكوكب افضل من كوكب بالمجد ⁘
42. 43 هاكذا ايضا قيامة الموتى : يزرع بالفساد ويقوم بغير فساد يزرع
44 بالهوان ويقوم بالمجد : يزرع بالضعف ويقوم بالقوة : يزرع جسد
نفسانى ويقوم جسد روحانى : ان كان جسد نفسانى ايضا

[1] Sic in Cod.

XV. 45 وروحانى كما هو مكتوب : كان ادم للانسان الاول لنفس
46 حية : وادم الاخرى لروح المحّية : ولاكن ليس الاول روحانى
47 ولاكن نفسانى بعد ذلك روحانى ⁘ الانسان الاول ترابى من
48 الارض والانسان الثانى هو الرب من السما : ومثل ما ان الترابى
49 كذلك والترابى : ومثل ما السماوى كذلك والسماوين : وكما
50 لبسنا شبه الترابى نلبس شبه السماوى ⁘ وهذا اقول يا اخوة ان
بشر ودم لا يستطيع يرث ملكوت السما ولا يرث غيار ما لا
51 يتغير ❁ تقرا ايضا للموتى ❁ هوذا سر اقول لكم ليس كلنا
52 نرقد بل كلنا تتبدل بخطفة بطرفة عين فى القرن الاخرى انه
53 يصيح بالقرن فيقومون الموتى بلا فساد ونحن نتبدل : ينبغى لهذا
المتغير ان يلبس ما لا يتغير : وهذا الذى يموت يلبس ما لا يموت ⁘
54 فاذا لبس هذا المتغير ما لا يتغير وهذا الذى يموت يلبس ما لا
يموت حينئذ تكون الكلمة المكتوبة : ابتلع الموت بالغلبة :
55 اين غلبتك يا ايه الموت اين حربتك يا ايه الجحيم اما حربة
56. 57 الموت فهى الخطية وقوة الخطية هى الناموس : فالنعمة لله الذى
58 اعطى الغلبة بربنا يسوع ❁ فالان يا اخوة ويا [1] احباى

[1] Cod. احاتى.

كونوا ثابتين ولا تتزعزعوا : اذا نفضلون بعمل الرب فى كل
XVI. 1 حين تعلموا ان عناكم ليس هو خايب بالرب ⁘ فاما من
اجل الحاجة التى للقديسين كما قد اوصيت لكنايس غلاطية
2 كذلك وانتم فاصنعوا فى كل يوم الاحد : كل انسان يضع
عنده ويخزن ما تيسر له لكى لا يكون اذا جيت اليكم
3 لا يكون كلام ⁘ واذا انا جيت الذين تجربون بالرسايل انا
4 ابعث ليودون نعمتكم الى اورسلم فان كان ذلك ينبغى
5 انطلق وانا فينطلقون معى ⁘ وانا ساجيكم اذا جزت الى مقدونية
6 فانى نافذ الى المقدونية ولعلى امكث عندكم او [1]اشتو عندكم
7 لكى تكونوا انتم المشيعين لى حيث ما ذهبت : وانى لست
احب ان اراكم الان عابرين السبيل : وانا [2]ارجو ان امكث
8 عندكم زمانا ان اذن الرب : وانى ماكث فى افسس حتى
9 العنصرة لانه انفتح لى فيها باب كبير معين والمضادين كثير ⁘
10 فان جاكم طيماثيوس فانظروا ان يكون عندكم بغير
11 مخافة لانه يعمل عمل الرب مثلى : فلا يرذله احد وابعثوا به
الى بسلام لكى ياتينى فانى اترجاه مع الاخوة ⁘

[1] Cod. اشتوا. [2] ارجوا here and elsewhere.

XVI. 12 فاما من اجل ابللون الاخ كثير رغبت اليه ان ياتى اليكم
مع لاخوة : وبحق ان لم يجيكم الان فسياتيكم اذا فرغ ∴
13. 14 اسهروا وقوموا بالامانة وتجلدوا وتقووا كل شى هو لكم فليكون
15 بالحب ∴ انا ارغب اليكم يا اخوة : انتم تعرفوا بيت اسطفن
16 وقرطناطس لانه راس اخايية والى خدمة القديسين اقاموهم لكى
17 وانتم تخضعوا للذين مثل هذا لكل من يعين ويعنا ∴ افرح
18 بقدوم اسطفن وقرطناطس واخايقس لان نقصانكم اتموه : بحق
انهم نجوا روحى وروحكم : قد عرفتم الذين هم مثل هولاء ∴
19 يقروكم السلام جميع كنايس اسية ∴ يقروكم السلام بالرب
20 كثيرا اقيلس وبرسقلة مع الكنيسة التى فى بيتهم ∴ يقروكم
21 الاخوة كلهم السلام ∴ اقروا بعضكم بعضا بقبلة قديسة وسلام
22 بيدى انا بولس من لا يحب ربنا يسوع المسيح يكون حرام ∴
23 ماران اثا : نعمة ربنا يسوع المسيح معكم وحبى مع كلكم
بيسوع المسيح

رسالة بولس الى اهل قرنثية الثانية

بولس رسول يسوع المسيح بمسرة الله وطيماثيوس

I. 1 الاخ الى كنيسة الله التى فى قرنثية : مع جميع القديسين
2 الذين فى جميع ارض اخايية النعمة لكم والسلام من الله [1]ابينا
3 وربنا يسوع المسيح ❀ مبارك هو الله ابو ربنا يسوع المسيح اب الرافة
4 واله التعزية الذى عزانا فى كل [2]حزننا لنستطيع ان نعزى الذين فى
5 كل حزن بالتعزية التى نتعزى بها نحن من الله : لانه كما
6 يفضل مصايب المسيح فينا هاكذا بالمسيح ايضا يفضل عزانا ⁘ وان
كنا نحزن من اجل عزاكم وخلاصكم الذى يعمل بالصبر
7 فى اوجاعكم : [3]الذى نحن نوجع ورجانا ثابت من اجلكم ⁘
فان كنا نتعزى فمن اجل عزاكم وخلاصكم نعلم
8 انكم مثل مشاركين المصايب كذلك وبالعزا : لست اريد
ان تجهلوا يا اخوة فى شان حزنكم الذى كان فينا فى اسية :
9 انها ثقلت علينا افضل من طاقتنا حتى تحيرنا ان نحيا ⁘ ولاكن
نحن فى انفسنا اخذنا قضا الموت لكى لا نكون متوكلين
10 على انفسنا ولاكن على الله الذى يقيم الموتى : الذى من
مثل هذا الموت خلصنا ويخلصنا الذى عليه ايضا توكلنا وايضا
11 ينجينا حين تعينونا انتم ايضا بالدعا من اجلنا :

[1] Cod. ابونا.   [2] Cod. حزنا.   [3] Sic in Cod.

لكيما من وجوه كثيرة العطية التى عندنا من
I. 12 اجلكم لحال كثير نشكر: فان فخرنا هذا هو شهادة
نيتنا لان بسماحة وبنقاوة الله ليس بحكمة جسدانية ولاكن
13 بنعمة الله ترددنا فى العالم وبالفضل اليكم: لست اكتب اليكم
بشى اخر الا الذى تقروا او تعرفوا: وانا ارجو انه الى الانقضا تعرفون
14 كما قد عرفتمونا من جزو: لانا فخركم كما انتم فخرنا فى
15 يوم الرب يسوع ∴ وبهذا الرجا كنت ارجو ان اجيكم اولا
16 لكى تاخذوا نعمة ثانية واجوز بكم الى مقدونية: وايضا من
17 المقدونية اجيكم ومنكم ابعث الى اليهودية ∴ وهذا الذى اردت
اعلى صنعت ذلك بخفة الراى: او الذى تفكرت كنحو البشرية
18 تفكرت ليكون الذى عندى نعم: نعم: ولا: لا ∴ صادق الله
19 بان كلمتنا اليكم لم تكن نعم: ولا: لا: بن الله يسوع
المسيح الذى فيكم بنا يكرز: بى وبسلوان وبطيموثيوس لم
20 يكون[1] نعم ولا: لا: ولاكن فيه كان النعم: كل موايد الله
21 فيه نعم: وفيه امين: لله المجد من اجلنا: الذى يثبتنا معكم
الى المسيح ومسحنا الله

[1] Sic in Cod.

I. 22. 23 وختمنا واعطانا عربون الروح فى قلوبنا ⁘ وانا [1]ادعو الله شاهد
على نفسى انى مما ارثى لكم لم [2]اعود ان اجى الى قرنثية
24 ليس من اجل انا ارباب لامانتكم ولاكنا اعوان لفرحكم:
II. 1 انكم ثابتين بالامانة وقد قضيت هذا فى نفسى لان لا اجيكم
2 ايضا فى حزن ان كنت انا احزنكم فمن هو هذا الذى
3 يفرحنى الا الذى احزنته انا: انى كتبت اليكم بهذا لان لا
يكون لى اذا جيتكم حزن على حزن من الذين ينبغى
لى ان افرح اذ انا مطمان الى كلكم: لان فرحى
4 هو لكم كلكم: من حزن كثير وعصر القلب كتبت
اليكم بدموع كثيرة ليس لكى تحزنوا ولاكن لكيما
5 تعرفون الحب الذى لى بالفضل اليكم ⁘ وان كان انسان
احزنى ليس لى احزن ولاكن من جزو لكيما لا اثقل على
6 كلكم فيكفى لمثل هذا الانتهار هذا الذى من كثير:
7 فالان لذلك المناصب افضل ان تهبوا وتعزوا لكى لا
8 بالحزن الفاضل يبتلع مثل هذا ⁘ لذلك انا ارغب اليكم ان
9 تثبتوا عنده الحب ولهذا كتبت انا لنعلم تجربتكم فى كل
10 شى انتم سامعين ⁘ فاما الذى تهبون له شى وانه

[1] Cod. ادعوا.   [2] Sic in Cod.

II. 11 اهب له ⁘ وانا فما غفرت من شى بوجه المسيح هو لكى
12 لا نتكثر من الشيطان لانا لستنا نجهل همومه ⁘ فلما قدمت
13 الى طروادة [1]بانجيل المسيح انفتح لى باب بالرب : لم اخذ لى راحة
فى روحى حيث لم اجد ططس الاخ ولاكن اجتنبتهم وخرجت
14 الى مقدونية ⁘ النعمة لله الذى فى كل حين يهزم بنا بالمسيح
15 واعلن بنا [2]شم معروفته فى كل مكان من اجل انا ريح
16 طيب بالمسيح لله فى الذين يحفظون والذين يظلون : لمنهم شما
من الموت الى الموت ولاخرين شما من حياة الى حياة ⁘
17 وهولاء من يطيق ليس نحن مثل كثير يعشون كلمة الله :
ولاكن من نقاوة بل من الله قدام الله بالمسيح نتكلم ⁘
III. 1 نبدا نحن ايضا نقيم انفسنا او هل نحتاج مثل اناس كتاب قيام
2 صحف اليكم او منكم ⁘ انتم صحيفتنا مكتوبة فى قلوبكم
3 معروفة تقرا من جميع الناس : مستبانين انكم صحيفة المسيح
التى خدمت منا وهى مكتوبة ليس بالمداد ولاكن بروح الله
الحى : وليس بالواح الحجارة ولاكن بالواح القلوب

[1] Cod. بالانجيل [2] Cod. اشم.

III. 4. 5 الجسدانية ⁖ ان لنا توكل مثل هذا الى الله بالمسيح ليس
بانا نسوى نتفكر بشى من قبل انفسنا ولاكن من انفسنا
6 بل طاقتنا من الله الذى قوانا خدام للعهد الجديد ليس الكتاب
7 ولاكن الروح ان الكتاب يقتل اما الروح فيحيى ⁖ فان
كانت خدمة الموت الموسومة فى الكتب فى الحجارة كانت
بالمجد حتى لم يستطيعون بنى اسرائيل ينظرون الى وجه موسى من
8 اجل مجد وجهه الذى قد بطل : فكيف لا تكون بالفضل
9 خدمة الروح بالمجد : فان كان لخدمة الذى هو على الدينونة
10 مجد فكثير بالفضل تفضل خدمة المجد ⁖ ولا ايضا لم يمجد
11 الذى مّجد فى هذا النصيب من اجل المجد الفاضل فان كان
الذى بطل بالمجد فكثير بالفضل الذى يثبت يكون بالمجد ⁖
12. 13 فان لنا رجا يا اخوة مثل هذا ناخذ بادلال كثير: وليس
مثل موسى الذى كان يجعل البرقع على وجهه لكى لا ينظروا
14 بنى اسرائيل الى فراغ ما يبطل ولاكن عميت عقولهم الى يوم هذا
اليوم كذلك البرقع ثابت على العهد العتيق لا يكشف لانه
15 بالمسيح بطل ولاكن حتى هذا اليوم حين يقرا موسى
فان الغطا

موضوع على قلوبهم : واذا رجع الى الرب ينزع البرقع لان ‏ III. 16.‏
17

الرب روح هو وحيث روح الرب فثمة الحرية ؞ اما نحن فكلنا ‏ 18

بوجه مكشوف نظر الى وحه الرب كامثل المراة تتبدل من

مجد الى مجد كمثل ما ان من الرب الروح ؞ من اجل ‏ IV. 1

ذلك اذ لنا هذه الخدمة كما رحمنا ولم نسى ولاكن اينا ‏ 2

خفيات الخزى وان لم نمشى بالمكر ولا نغش كلمة الله

ولاكن باستعلان الحق نقيم انفسنا الى جميع نية الناس قدام

الله فان كان انجيلنا مغطى فانما هو بالذين ضلوا مغطى : ‏ 3

بالذين ان اله هذا العالم اعمى عقول الذين لا يومنون ‏ 4

لكيما لا يضى لهم نور انجيل مجد المسيح الذى هو شبه الله

الذى لا يرى : انا لستا نكرز انفسنا ولاكن الرب يسوع ‏ 5

المسيح فاما انفسنا فعبيدكم من اجل يسوع : لان الله ‏ 6

قال من الظلمة نور يضى هو الذى اضا فى قلوبنا الى نور معرفة

مجد الله بوجه يسوع المسيح ؞ ان لنا هذا الكنز فى انية ‏ 7

الفخار: لكى تكون الرفعة من قوة الله ولا منا ؞ انا فى ‏ 8

كل شى حزينين ولا نتنهد : متحيرين ولاكن لا

نخسر :

IV. 9 مطرودين ولاكن ليس نخذل : نطرح ولاكن ليس
10 نهلك : فى كل حين موت يسوع نحتمل فى اجسادنا لكى
11 تعلن فى اجسادنا [1]حياة يسوع ∴ نحن الاحيا فى كل حين نسلم
للموت من اجل يسوع لكى تعلن حياة يسوع فى اجسادنا
12. 13 الميتة : فاذن الموت فينا يعمل والحياة فيكم ∴ ان لنا ذلك
الروح [2]الامانة كما هو مكتوب : امنت لذلك تكلمت ونحن
14 نامن لذلك وتكلم : نعلم ان الذى اقام يسوع من الموتى
15 ولنا يقيم مع يسوع ويقيمنا معكم لان كل شى من اجلكم
16 لكيما تكثر النعمة والشكر يفضل لمجد الله ∴ لذلك فلا
نسى ان كان انساننا البرانى يبلى ولاكن داخلنا يتجدد يوم
17 من يوم : لان حفه اخزاننا عاجلا رفيع فاضل كريم بالمجد
18 يعمل لنا داهرا ∴ لستنا نظر فيما يرى ولاكن فيما لا يرى :
الذى يرى فانه الى حين قليل والذى لايرى فهو الى الدهر ∴
V. 1 نحن بحق نعلم ان انحل بيت مسكنا الارضى فان لنا من
2 الله بنيان بيت غير مصنوع بيدين الى الابد فى السما ∴ ولاكن
فى هذا نتنهد لان مسكنا الذى من السما نشتاق نلبسه

[1] Cod. حيات. [2] Sic in Cod.

وان لبسناه لم نلفى عراة ٠: ان الذين فى المسكن نتنهد V. 3. 4

مثقلين بما لا نريد نخلع ولاكن نلبس لكى يبتلع المايت من

الحياة ٠: ان الله هو صانعنا لهذا الذى اعطانا عربون الروح اذ 5. 6

نحن نثق فى كل حين ونعلم انا حضور فى الجسد بعيدين

من ربنا: بالامانة نمشى ولا بالشبه نثق ١ ونرجو بل نخرج من 7. 8

الجسد وناتى الى الرب : بل نجتهد ان كنا حاضرين وان غيوب 9

يكون له مرضين انه لا بد لجميعنا ان نظهر قدام مجلس 10

حكم المسيح : لكى ياخذ كل انسان الذى فى ذات

جسده ما قد عمل ان كان خير وان كان شر ٠: انا نعلم 11

ان خشية الرب فللناس نطاب : اما لله فنحن معلومين : اما انا

فارجو ان ما فى نياتكم سانظهر ٠· لا نقيم لكم انفسنا ايضا 12

ولاكن علة الفخر نعطيكم عنا : لكى يكون لكم عند

الذين بالوجه يفتخرون ولا فى القلب ٠: لانا ان تحيرنا فلله وان 13

تعففنا فلكم ❀ تقرا فى الاحد الخامس ❀ بحق ان حب المسيح 14

يكلفنا ان ندين هذا : ان كان واحد عن كل مات اذن

قد مات كل وعن كل مات لكيما يكونوا الاحيا ليس 15

لانفسهم بعد يحيوا الا للذى

---

¹ Cod. ونرجوا.

V. 16 عنهم مات وقام ⁘ فلنكون نحن من الان لا نعرف احد
بالجسد : وان عرفنا المسيح بالجسد ولاكن من الان
17 لا نعرف : فاذن كل من هو بالمسيح يكون خليقة جديدة ⁘
18 ان الاولى قد جازت وهوذا قد صارت جديدة وكل من الله
19 الذى بدلنا له بالمسيح واعطانا خدمة التبدل : مثل ما انه كان
الله فى المسيح ليبدل له العالم لم يحسب لهم عثراتهم وجعل فينا
20 كلمة التبدل : من اجل المسيح نرسل مثل الله يطلب عنا ⁘
21 نحن نطلب فى شان المسيح فتبدلوا لله : الذى لم يعرف
خطية من اجلنا جعله خطية لنكون نحن به عدل الله
VI. 1. 2 بالمسيح : نعين ونطلب ليس باطل تقبلون نعمة : انه قال فى
حين مقبول استجبت لك : وفى يوم الخلاص اعنتك ❀ تقرا فى
حد الصوم الاول ❀ هو الان الزمان المتقبل هوذا الان
3 يوم الخلاص : ولا تجعلوا عثرة واحدة فى شى لكيما لا
4 تعاب خدمتكم ولاكن فى كل شى تقيموا انفسكم مثل
5 خدام الله ⁘ بصبر واحزان كثيرة : بالبلايا : بالضيق بالجلد :
6 بالسجون : بالعنا : بالشخوص : بالسهر : بالصيام : بالنقاوة بالعلم :
بطول الروح : بالصلاح :

VI. 7 بروح القدس : بحب ليس فيه مراياة : بكلمة الحق : بكلمة
8 الله : بسلاح البر : من اليمين والشمال : بالمجد والهوان : بالمدحة
9 والمذمة : من الطاغين والصادقين : مثل المايتين ونحن احيا :
10 مثل الموذين ولا يموتون : مثل حزينين والى الابد فرحين مثل
المساكين ولكثير يغنون : مثل الذين ليس لهم شى وهم
11 ممسكين فى كل شى ❁ فمنا اليكم فانه مفتوح لكم
12 ايه القرنثين وقلبنا فانه موسع فلا تغتموا بنا ولاكن اغتموا
13. 14 بروفكم : لذلك الذى بدل الكرا انتم فوسعوا ولاكن
تكونوا شركا لنير[1] الذين لا يامنوا ∴ ما هى شركة البر
15 والاثم : او ما هى شركة النور الى الظلمة : اى شرك للمسيح
مع ملك الشياطين : او اى شى نصيب المومن مع الذى لا
16 يامن : او اى موعد لهيكل الله مع الاوثان ∴ اما نحن
فهيكل الله كما قال الله : انى اسكن واسلك فيهم واكون
17 لهم اله وهم يكونون لى شعبا ∴ لذلك فاخرجوا من بينكم[2]
18 وافترقوا منهم قال الرب ولا تقربوا نجس وانا اقبلكم : واكون
لكم ابا وانتم لى بنون وبنات يقول الرب الضابط كل ∴

[1] Cod. لنبر. [2] Sic in Cod.

VII. 1 وهذه المواعيد معنا يا [1]احباى فلننقى انفسنا من كل دنس
2 جسد وروح تكمل القدس بخشية الله ⁘ اتسعوا لنا لانا لم
3 نظلم احدا ولم [2]تتكثر ليس للدينونة اقول لانى قد قلت قديما
4 لانه فى قلوبكم لكى نموت ونحيا ⁘ لنا عندكم [3]دلال وان
لى فخر كثير من اجلكم واتممت بالكلية وفضلت كثير بالفرح
5 بكل احزاننا ⁘ وفى جيتنا الى المقدونية لم تكن راحة لجسدنا
ولاكن فى كل شى حزينين من خارج سخب ومن داخل
6 مخافات : ولاكن الله الذى يعزى المساكين ولنا عزى فى
7 ابتيان ططس ليس فى ايتيانه فقط ولاكن ايضا بعزاه الذى
تعزى عنكم يخبرنا بشوقكم وبكاكم وعلى غيرتكم من
8 اجلى لكيما افرح جدا : وان كنت قد احزنتكم بالصحيفة
انى لست اندم وان كنت ندمت فانا ارى ان تلك
9 الصحيفة فى ساعة اخزنتكم : فالان انا افرح ليس لما انكم
خزنتم ولاكن خزنتم للندامة وانما حزنتم فى ذات الله : لكيما
10 لا تخسروا مناشيا : لان الحزن فى ذات الله يصنع توبة للحياة ليس
11 فيها ندامة : اما حزن العالم فيصنع موت ⁘ هوذا ذلك الحزن
الذى حزنتم

[1] Cod. احباتى. [2] Cod. تتكثر. [3] Cod. ادلال.

VII. 11 فى ذات الله كم اجتهاد عمل فيكم ولاكن جوابا
بل حرد : بل مخافة وشوق : وغيرة : ونقمة : وفى كل شى
12 اقمتم انفسكم ذكيين فى هذا الامر ⁘ وان كنت قد كتبت
اليكم ليس من اجل الظالم ولا من اجل المظلوم ولاكن
لكى يظهر جهادكم الذى عندكم من اجلنا قدام الله ⁘
13 لذلك اتعزينا على عزاكم بالفضل هذا فرحنا بفرح طيطس لانه
14 قد اراح روحنا من كلكم : ان بالذى عنده عنكم افتخرت
ولم اخزى ولاكن مثل كل شى لكم بالحق كلمناكم ⁘
15 كذلك وفرحنا عند طيطس فانه صار بالحق : ورافته بالفضل
هى اليكم انا نذكر خضوع كلكم مثل ما [1]قبلناه [2]بالفزع
16 والرعب وافرح انى فى كل شى فيكم واثقا ⁘ انعلمكم يا
VIII. 1
2 اخوة نعمة الله التى اعطيت فى كنايس مقدونية انه بكثرة تجربة
البلايا لهم فرح زايدا : ومسكنتهم زادت على العمق الى غنا
3. 4 سماحتهم : انى شاهد على قدر قوتهم وافضل من قوتهم ابتدعوا
بعزا كثير يطلبون منا النعمة ومشاركة الخدمة التى للقديسين
5 وليس كما رجونا : ولاكن جعلوا انفسهم للرب ولنا بمسرة
6 الله لنرغب الى طيطس لكيما

[1] This ought to be قبلكموه. [2] Cod. بالفرح.

VIII. 7 اذ بدا اولا كذلك فليتم فيكم هذه النعمة ⁘ ولاكن كما
انتم قد فضلتم بكل امانة وكلمة ومعرفة وبكل جهاد وبالحب
8 الذى فيكم منا لكيما تفضلون فى هذه النعمة : ولست اقول
9 كالوصية ولاكن باجتهاد اخرين [1]ويبلو حرورية حبكم ⁘ اعلموا
نعمة ربنا يسوع المسيح ان من اجلكم تمسكن اذ هو غنى
10 لكى تستغنوا انتم بمسكنته : وانا اعطى فى هذا علم وهذا
لكم نافعا الذى لا [2]تعماون فقط ولاكن قد [3]اردتم
11 فبديتم من عام الاول : فالان اردتم وقد اتممتم وكما كانت
12 لكم شهوة لتريدون كذلك لكم ان تتموا ⁘ فان كانت
الشهوة مستعدة كمثل من هو مقبول : ليس كمثل الذى
13 ليس اه وليس لان تكون لاخرين راحة ولكم مشقة
14 ولاكن بالسوية فى هذا الزمان ليكون فضلكم انتم لنقصان
اولائك : لكى يكون فضل اولائك لنقصانكم لكى تكون
15 السوية كما هو مكتوب الذى استكثر لم يستفضل : والذى
16 استقل · لم يستنقص ⁘ فالنعمة لله الذى اعطى هذا الاجتهاد عنكم
17 فى قلب طيطس انه قبل طلبتنا فيكم من اجل انه مجتهد
18 بالفضل منا : من مسرته خرج اليكم وايضا بعثنا

[1] Cod. ويبلوا. [2] Cod. تعلمون. [3] Cod. ادرتم.

معه الاخ الذى مديحته فى الانجيل وفى كل الكنايس   VIII. 18

وليس هذا فقط ولاكن كهن من الكنايس وهو الخارج   19

معنا فى هذه النعمة التى تخدم منا بمجد الرب وشهوتنا ۰: بعثا هذا   20

لكى لا يعيبنا احد فى هذا التجلد الذى يخدم منا : انا قدما   21

متفكرين بالحسنات ليس قدام الله فقط ولاكن وقدام الناس

وبعثنا معهم اخونا الذى جربناه كثير مرار شتى انه مجتهدا فاما   22

الان هو مجتهد بكثرة وشوق كثير اليكم ان كان   23

من اجل طيطس شريكى وفيكم معاونا : وان كانوا اخوتنا

رسلا الكنايس فهم مجد المسيح ۰: اما صفة حبكم وفخرنا   24

من اجلكم فاوروه لوجه الكنايس ۰: اما من اجل خدمة   IX. 1

القديسين فهو لى فضل ان اكتب اليكم انا اعرف شهوتكم   2

الذى من اجلكم افتخر اهل مقدونية لان اخايية هم مستعدين

من عام الاول : وغيرتكم قد احردت كثير ۰: قد بعثت الاخوة   3

لكى لا يخيب فخرنا الذى من اجلكم فى هذا الجزو لكى

تكونوا متيسرين كما كنت اقول لكى ان ياتون معى   4

المقدونين فيجدوكم غير مستعدين فخزى نحن : لكى لا نقول

¹اتم فى هذا ²الاقنوم الفخر ۰: انى

---

¹ Cod. نحن.   ² Sic in Cod.

IX. 5 تذكرت بالاجتهاد ان اطلب الى الاخوة ليتقدمون فيجون
اليكم ويهيون بركتكم الذى اعلمتم قديما وهذه فلتكون
6 ميسرة فهاكذا مثل البركة ولا مثل الرغبة ⁘ هذا من
يزرع بالمرثية فانه ايضا يحصد بالمرثية : ومن زرع بالبركات
7 يحصد بالبركات : كل انسان كما قد فال فى قلبه قديما
ليس من الحزن ولا من الكربة ولاكن المعطى البهى يحب
8 الله ⁘ ان الله يستطيع ان يفضل لكم بكل نعمة لكيما تكونوا
فى كل حين لكم الكفاية تفضلون فى كل عمل صالح
9 كما هو مكتوب ⁘ فرق واعطى للفقرا وبره ثابت الى الدهر ⁘
10 والذى يعطى زرع للزراع والخبز للاكل هو يعطى ويكثر
11 زرعكم ويربى ثمرات بركم فى كل شى تستغنون فى كل
12 السماحة : الذى يعمل بكم شكر لله : لان حكمة هذه
الكهنوة ليس تتم نقصان القديسين فقط ولاكن تفضل بشكر
13 كثير لله : لحال تجربة بهذه الخدمة يمجدون الله فى خضوعكم
باقرار انجيل المسيح وسماحة المشاركة اليهم والى كل :
14 وبرغبتهم عنا الذين يشتاقون اليكم من اجل نعمة الله الفاضلة
15. X. 1 عليكم ⁘ النعمة لله على عطيته التى لا تصف ⁘ فاما انا
بولس ارغب

اليكم بالدعة وتجاوز المسيح بالذى نحو الوجه حاضرا فانا
X. 2 متضع فيكم وانا غايب واثق بكم وانا ارغب اليكم اذا
حضرت اعمل بالاعتصام: او اتفكر ان انسلط على اناس
3 يتفكرون فينا الذين يمشون بذوات الجسد وفى الجسد يسلكون ∴
4 لستنا نجاهد نحو الجسد لان سلاح قتالنا ليس هو جسدانى ولاكن
5 اقويا لله: لخراب الحصون اذ نهدم الهموم: وكل ارتفاع يرتفع
6 على معرفة الله: ونسبى كل فكر لخضوع المسيح ونكون
7 مستعدين ان ننتقم كل معصية اذا ثم خضوعكم ∴ انتم
تنظرون فى الوجه فان كان احد واثق بنفسه انه للمسيح
فليتفكر بهذا ايضا على نفسه انه كما هو للمسيح كذلك
8 ونحن ان كنت افتخر بشى فاضل من اجل سلطانكم الذى
9 اعطى [1]الرب لبنيانكم وليس لخرابكم: فانى لست اخزى لكى
10 لا اظن انى اخوفكم بالرسالات لانه يقال ان المصحف ثقيل
11 شديد: واما محضر الجسد فضعيف والكلمة مرذولة فليتفكر
بهذا انه كذا انا كمثل ما نحن بكلمة صحفنا

[1] Cod. للرب.

X. 12 غياب كذلك نحن حضور بعملنا لانا لا نجترى ان نقضى او
نقيض مع الذين يقيمون انفسكم : ولاكن نحن فى انفسنا
13 لانفسنا نقدر ونقيس انفسنا وهم لا يفهمون لانفسهم ∴ اما نحن
فلستنا نفتخر افضل من القدر ولاكن كمثل ما ذا القانون
14 الذى قسم الله لنا نقدر ان نتبلغ اليكم : ليس لا كانا لم
15 نبلغ اليكم بل قد مددنا اليكم وزدنا ببشرى المسيح : ولستنا
نفخر افضل من مقدارنا بعنا اخرين : ان لنا رجا باماتتكم
16 تنموا اخرين الذى تعظم مثل قانوننا بالفضل ان نبشر لهولاء
18 الذين هم ابعد منكم والذى يقيم نفسه ذلك هو المجرب
XI. 1 ولاكن الذى الرب يقيمه ∴ ليتكم تصبروا لى جهالة صغيرة
2 ولاكنكم تصبرون : انى اغار عليكم بغارة الله : انى
3 اخطبتكم لرجل واحد عذرا نقية نقيمها للمسيح : ولاكنى
اخشى لان لايكون مثل حية التى غرت حوا بمكرها
4 تفسد تفكركم من سماحتكم التى الى المسيح ∴ فان
كان الذى يجى يكرز يسوع الذى لم نكرزه او تاخذون
روح اخر الذى لم تاخذون او انجيل اخر الذى لم تقبلون فنعما
5 كنتم تصبرون : وانا اتفكر انى لست بناقص من الرسل
الذين هم

XI. 6 افضل جدا وان كنت عيى بالكلمة ولاكن ليس بالعلم :
7 ولاكن فى كل حين نستعان فى كل شى اليكم او
لعلى عملت خطية حين وضعت نفسى لكى ترتفعون انتم · لانى
8 مجان بشرتكم انجيل الله وسلبت كنايس آخر واخذت نفقة
9 لخدمتكم او حين كنت حاضر عندكم ونقصنى لم اشق
على احد لان عدمى كملوه الاخوة الذين جاوا من المقدونية :
وكل شى مما ثقل عليكم حفظت نفسى وايضا احفظها ⁘
10 ان فى حق المسيح لان هذا الفخر لا يغلق عن اقاليم اخايية
11. 12 لما ذا لانى لست احبكم الله يعلم : الذى اصنع وايضا اصنع
لكى اقطع علة الذين يريدون علة لكيما الذين به يفتخرون
13 يجدون كمثلنا لان امثال هولاء رسلا كذبة وفعلة غاشة
14 ويتشبهون برسلا المسيح وليس عجب لانه هو اياه الشيطان يتشبه
15 بملاك النور : وليس بكبير ان كان وخدامه يتشبهون مثل
16 خدام البر الذين يكون فراغهم مثل عملهم ⁘ وايضا انا اقول
لا يظن انسان بانى انا جاهل والا فان كان فمثل جاهل
17 فاقبلونى لكيما وانا افتخر شى قليل : والذى اتكلم به ليس
مثل ذات الرب اتكلم

XI. 18 ولاكن يجهل بهذا الامر قيام الفخر: لان كثير يفتخرون
19 مثل ذات الجسد وانا ايضا افتخر: فالذة ان انتم احتملتم من
20 الجهلة اذ انتم حلما ∴ بحق انكم تحتملوا: ان كان انسان
يستعبدكم: او انسان ياكلكم او انسان ياخذ: او انسان
21 يترفع او احد يضربكم على وجوهكم: كمثل هوان اقول
لكم: مثل ما انا قد ضعفنا ∴ وان كان احد بما يتسلط
22 بجهالة اقول انسلط وانا: هم يهود: وانا: هم اسرايليين: وانا:
23 هم زرع ابرهيم: وانا: هم خدام المسيح: كمثل الذى يهذى
اتكلم: فانا افضل منهم: بالشخوص افضل منهم: فى الضرب
بالا[1]شراف: فى السجون افضل منهم: فى الموت مرار كثيرة:
24. 25 من اليهود [2]خمسة مرار اخذت اربعين الا واحدة: ثلاث مرار
ضربت بالعصى: مرة واحدة رجمت: ثلاث مرار اطف على الما:
26 يوم وليلة كنت فى الغمق: وفى الاسفار مرار كثيرة وشدة
شديدة فى الانهار: وشدة شديدة من [3]اللصوص: وشدة شديدة
من جنس: شدة شديدة من الامم: شدة شديدة فى المدينة:
شدة شديدة فى البرية: شدة شديدة فى البحر

[1] The dots of ش in this word are written below instead of above it.
[2] Sic in Cod. [3] Cod. الصوص.

XI. 27 شدة شديدة من الاخوة الكذبة ⁘ وبشخوص وتعب : وبالسهر
مرار كثيرة : بالجوع والعطش : بالصيام مرار كثيرة : في
28 البرد والعرى سوى ما هى وما يقوم علي في كل يوم :
29 واهتمام في جميع الكنايس ⁘ من ضعف ولست انا اضعف : ومن
30 يشك ولست انا احترق : فان كان ينبغى الافتخار فبضعفى افتخر ⁘
31 ان الله [1]ابو الرب يسوع يعلم الذى هو مبارك الى الدهور انى لست
32 اكذب : ان في دمشق راس الشعب اريطا الملك كان يحفظ
33 مدينة الدمشقين كان يريد يصيدنى ومن الكوة في [2]مشفلة دليت
XII. 1 من الحيط وهربت من يديه ⁘ وان كان ينبغى ان افتخر
2 فليس ينفعنى : ولاكن ساتى بالرويا ووحى الرب : انا اعرف
انسان في المسيح من قبل [3]اربعة [4]عشر سنة ان كان بالجسد لا
ادرى وان كان بغير الجسد لا ادرى الله اعلم : ان هذا قد
3 خطف حتى السما الثالثة واعرف انسان مثل ذلك ايضا ان كان
4 في الجسد او من غير الجسد . لا ادرى الله اعلم انه اختطف الى
الفرديس وسمع كلام لا يفسر الذى لايحل لانسان ان
5 يتكلم به : اما من اجل هذا ومثله فانا

[1] Cod. ابوا.
[2] This is a Syriac word.
[3] Sic in Cod.
[4] Cod. اعشر.

XII. 6 افتخر: واما من اجل نفسى فلست افتخر الا بضعفى: وان
اردت ان افتخر فلم [1]اكون جاهلا: حقا انى سااقول ∴ وانا ارثى
7 فلا يظن بى انسان افضل مما يرى: او يسمع منى: وبرفعة
الوحى لكيما لا ارتفع اعطيت لجسدى مقرع ملاك شيطان
8 لكى يقرعنى لكى لا اترفع: ومن اجل هذا دعوت الى
9 الرب لكى يتباعد منى. وقال لى تكفيك نعمتى: لان قوتى
بالضعف تتم ∴ لذيذ هو بالفرح هذا افتخر بضعفى لكى تظلل
10 علي قوة المسيح ∴ لذلك اسر بالضعف والشتيمة والكراهية:
بالطرد: وبالضيق: من اجل المسيح: اذا ما انا ضعفت حينيذ
11 اكون قوى ∴ صرت جاهلا وانتم اكرهتمونى: فاما انا
فكان واجب علي ان اقوم من ناحيتكم لانى لست
بناقص من الرسلا الذين فاضلين جدا: وان كنت ليس شى:
12 لان ايات الرسول عملت فيكم بكل صبر بالايات والعلامات
13 والقوات ∴ فما ذا خضعتم له افضل من ساير الكنايس لو لا
14 انى لم ارزاكم [2]هبوا لى هذا الظلم هوذا [1]ثلاثة مرار كنت
مستعد لكى اتيكم ولا ارزاكم لانى لست اريد الذى لكم
ولاكن اياكم لانه لا ينبغى الابنا يكنزوا للابا: ولاكن

[1] Sic in Cod. [2] Cod. هبوا.

XII. 15 الابا للابنا : وانا فانه يلذنى ان انفق وانفق من اجل
16 انفسكم واذا انا احبكم بالفضل واوحب منكم بالنقصان فاما انا
17. 18 فلم ارزاكم : ولاكن اخذتكم بالخداع ⁘ عليكم فيه :
لانى طلبت الى طيطس وبعثت معه الاخ فلعل طيطس استرغب
عليكم فى شى : اليس بذلك الروح الواحد سلكنا اليس فى
19 تلك الاثار ⁘ وايضا تظنون انا نعتذر اليكم قدام الله : بالمسيح
20 نتكلم ⁘ وكل شى يا [1]احباى لحال بناكم : وانا اخاف
لكى ان اتى ولا اجدكم كما اريد وانا اجد كما
لا تريدوا : شغب : وغيرة : وغضب : ومرا : نميمة : قمقمة : نفخ :
21 عبث : لكى اتيكم ايضا فيضعفنى الاهى فانوح على كثير
على الذين اخطوا قديما ولم يتوبوا على الدنس : والزنا : والفتك :
XIII. 1 الذى عملوا : هوذا المرة الثانية اتيكم : ان على فم شاهدين
2 اوثلثة تقوم كل كلمة : قد تقدمت والان اتقدم واقول : اذا
انا حضرت الثانية وانا الان غايب اكتب للذين اخطوا قديما
3 ولكل البقية انى ان جيت ايضا انى لست ارثى : لانكم
تريدون تجربة المسيح الذى تكلم بى : الذى لا يضعف
فيكم

[1] Cod. احاتى.

XIII. 4 بل يقوى فيكم لانه بحق صلب من ضعف ولاكن
حى بقوة الله: لانا به ضعفا ولاكن نحيا معه من قوة الله
5 اليكم ⁘ جربوا انفسكم ان كنتم بالامانه فجربوا انفسكم
او لا لتعرفون انفسكم ان يسوع المسيح فيكم هو: ان لم
6 تكونوا غير مجربين ⁘ وانا ارجو انكم ساتعلمون انا ليس
7 بغير مجربين ⁘ انا نصلى لله ان لا يصنع لكم شى [1]سو: لكى
لا نّرى نحن مجربين ولاكن [2]لتعملون انتم الخير ونحن
8 نكون بغير تجربة ⁘ ونحن لا نستطيع شى مقابل الحق
9 ولاكن من اجل الحق انا بحق نفرح حين نضعف: وانتم
10 اشدا: وهذا ايضا نضى [3]لتهيئتكم ⁘ لذلك كتبت اليكم
بهذا او انا غايب عنكم لكى اذا حضرت ان افعل بالجزم
11 كنحو [4]السلطان الذى اعطانى الرب للبنا ولا للهدم ⁘ فالان يا
اخوة افرحوا وتهيوا وتعزوا واهتموا بذلك واصطلحوا: واله الحب
12 والسلامة يكون معكم ⁘ اقروا بعضكم بعض السلم بقّبلة
13. 14 القديسة: إن القديسين كلهم يقروكم السلم: نعمة الرب
يسوع المسيح وحب الاه ومشاركة روح القدس مع كلكم ⁘

[1] Cod. سوا here and elsewhere. [2] Cod. اتعلمون. [3] Cod. للهيكم.
[4] Cod. الشلطان.

رسالة بولس القديس الى اهل غلاطيه

I. 1. بولس الرسول : ليس من الناس : ولا بانسان الا بيسوع
2 المسيح وبالله الاب الذى اقامه من الموتى وكل الاخوة الذين
3 معى : الى كنايس غلاطية ⁘ النعمة لكم والسلام من الله
4 الاب وربنا يسوع المسيح الذى جعل نفسه عن خطايانا : اكى
5 يخلصنا من هذا العالم السو كمثل مشية الله ابينا : الذى
6 له المجد الى دهر الداهرين امين ⁘ انى اعجب كيف هاكذا
بعجلة زغتم عن الذى دعاكم الى نعمة المسيح الى بشرى اخرى
7 التى لستها بشى : الا انهم قوم يسجسوكم ويريدون ان يقلبوا
8 انجيل المسيح : ولاكن ان نحن او ملاك من السما بشركم
9 سوى الذى بشرناكم يكون محروما : كما قلنا لكم قدما
والان ايضا انا اقول من بشركم سوى ما اخذتم يكون
10 محروما : والان لمن اقنع للناس ام لله : او ارضى الناس : او
11 ايضا ارضى الناس لم اكون انا اذن عبد المسيح ⁘ اعلمكم
12 يا اخوة بالانجيل الذى بشر منى انه ليس مثل انسان ولم اخذه انا
من انسان ولم

I. 13 اتعلمه الا بوحى يسوع المسيح ⁘ قد سمعتم تقلبى قديما
باليهودية ⁘ وكنت اطرد بافضل الفضايل كنيسة الله واخربها
14 وكنت اسابق باليهودية اكثر من الذين مثلى فى القامة والجنس:
15 وكنت بافضل لغيرة سنة [1]اباى ⁘ فلما رضى الله الذى اختصنى
16 من بطن امى ودعانى بنعمته لكى برى بى ابنه لان ابشر
17 به فى الامم: ومكانى لم اخبر بشر ولا دم ولم اطلع الى
اوروسلم الى الرسل الذين كانوا قبلى ولاكن انطلقت الى ارض
18 عرابيا: وايضا انصرفت الى دمشق ⁘ وبعد ذلك بثلاثة سنين
صعدت الى اورسلم لكى انظر الى بطرس وانى مكثت عنده
19 خمسة [2]عشر يوما ولم ارى سواه من الرسل الا يعقوب اخو الرب ⁘
20 فاما الذى كتبت به اليكم هوذا انا قدام الله انى لست اكذب:
21. 22 وبعد ذلك قدمت الى ريف الشام وقليقية: وكنت فى ذلك اتنكر
23 بوجهى للكنايس اليهودية التى كانت للمسيح: فلما سمعوا عنى
ليس الا الذى كان يطردهم قديما الان يبشر بالامانة الذى
24 كان قديما يفسد وكانوا بى يمجدون الله

[1] Cod. اباتى.   [2] Cod. اعشر.

II. 1 فلما كان بعد ذلك [1]باربعة عشر سنة صعدت ايضا الى اوروسلم
2 مع برنابا واخذت معى ططس وصعدت بالوحى وانى قصصت عليهم
الانجيل الذى اكرز بالامم وفى خفية للذين يظنون: ان لا
3 اكون باطل جريت او طردت: ولا ططس الذى كان
4 معى انه كان حنيفى لم اكرهه ان يختتن ⁘ وان [2]ادخال
الاخوة الكذبة الذين دخلوا ليتفحصوا حريتنا التى هى لنا بيسوع
5 المسيح لكى يتعبدونا: وانا لم نخضع لهم طرفة عين لان
6 يمكث فيكم حق الانجيل: فاما اولائك الذين كانوا
يظنون انهم شى وهم الذين كانوا فيما سلف لا شى وانى لست
اعترف لهم لان الله لا ياخذ بوجه انسان ⁘ بل اولائك
7 الذين كان رجاهم بى لم يخبروا بشى ولاكن كانوا
8 يعرفوا المضاد انى قد اتمنت بانجيل الغرلة مثل بطرس بالختنة: لان
الذى اعان بطرس الى رسالة الختنة هو الذى اعانى الى الامم ⁘
9 وقد علم يعقوب وكيفا ويحنا النعمة التى اعطيت الذين كانو
يظنوا انهم دعائم اعطونى يمينهم ولبرنابا على المشاركة لنكون
10 نحن الى الامم وهم للختان: ولنذكر

[1] Sic in Cod. [2] Cod. الادخال.

II. 10 المساكين والفقرا فقط : الذى كان حرصى ان افعل
11 ذلك ⁘ وانه لما قدم كيفا الى انطاكية قمت فى وجهه لانه
12 ليس كان يطمان قبل ان يقدم احد من قبل يعقوب وكان
ياكل مع الامم فلما قدمت انا جعل يفرز نفسه ويحترز وكان
13 يتخوف من اهل الختان فاما ساير اليهود فكانوا يرايوا حتى ان
14 برنابا اتبع مراياتهم ⁘ وانى لما رايت انهم لا يسيروا مستقيم الى حق
الانجيل : قلت لكيفا قدام كلهم : ان كنت يهودى
عايش مثل الامم ولا مثل اليهود : كيف تعزم على الامم ان
15 يتهودوا : فاما نحن فان غريزتنا هى من اليهود وليس الامم
16 الخطاة : لانا نعرف ان احد لا يتصدق من اعمال الناموس ان
لم [1]يكون من امانة يسوع المسيح : ونحن قد امنا بيسوع
المسيح كما نتبرر بامانة المسيح : لان من اعمال الناموس لا
17 يتبرر كل بشر ⁘ وانا ان اردنا نتبرر بالمسيح ونوجد خطاة : لعل
18 اذن المسيح خادم الخطية لا يكون : وان كنت الذى نقضت
19 ذلك ابنى ايضا فقد اقمت نفسى عاصيا وانا بالناموس مت لكى ان
20 احيا بالله وصلبت مع

[1] Sic in Cod.

II. 20 المسيح ولا اكون حيا : حى هو فيه المسيح فاما انا الان
حى بالجسد وحى بالامانة بابن الله الذى احبنى واسلم نفسه عنى ⁘
21 لا اغدر بنعمة الله : فان كان البر بالناموس باطل اذن مات
III. 1 المسيح ⁘ يا ايه الغلاطين الذين لا يعقلون من حسدكم ان لا
تقنعوا بالحق الذى رايتم بعيونكم قد كتب قديما يسوع المسيح
2 مصلوب ⁘ هذا اريد ان اعلم منكم من اعمال الناموس اخذتم
3 الروح او من سمع الامانة هاكذا انتم ما تعقلوا : فان كان
4 بدوكم بالروح فالان بالجسد تتموا : بل انكم لقيتم هذا
5 باطل نعم باطل ⁘ ان الذى اعطاكم الروح وجعل القوة
6 فيكم من اعمال الناموس او من سمع الامانة مثل ابرهيم امن
7 ابرهيم بالله وحسب له برا ⁘ ولاكن اعلموا ان الذين من الامانة
8 اولائك بنون لابرهيم : قد عرف الكتاب قديما ان من الامانة
الله يبرر الامم : قد بشر ابرهيم قديما ان بك يتبارك كل الامم ⁘
9. 10 لكى الذين من الامانة يتبركون مع ابرهيم المومن : ان
كل الذين هم من اعمال الناموس هم تحت اللعنة : بحق انه
مكتوب ملعون كل من لا يثبت على كل شى مكتوب
فى سفر الناموس ليعمله

III. 11 لانه بالناموس احدلا يتصدق عند الله يخبر ان الصديق بالامانة
12 يحيا وان الناموس ليس من الامانة الا من يعملهن يحيا بهن ⁘
13 لان المسيح اشترانا من لعنة الناموس صار من اجلنا لعنة : لانه مكتوب
14 ملعون كل من يعلق على عود لكى تكون بركة ابرهيم
15 للامم بيسوع المسيح لكى ناخذ موعد الروح بالامانة ⁘ يا اخوة
انا اقول لكم مثل انسان ولاكن عهد انسان واثق احد
16 لا يغدر ولا يلتوى ⁘ ان المواعيد قد قيّلت لابرهيم ولذريته ولم
[1]يقول [2]لذرياته على مثل كثير ولاكن على واحد : وذريتك
17 الذى هو المسيح : وهذا انا اقول عهد قديم متقن للمسيح من
الله : ان الناموس الذى كان من بعد اربعماية وثلاثين سنة
18 لم يحقق ان يبطل موعد الله : ان كان الميراث من الناموس
19 فليس من الموعد : انما وهب الله لابرهيم من نحو الموعد ⁘ اى
شى الناموس من اجل [3]المعاصى ازيد : حتى تاتى الذرية التى اوعد
20 بالامر الذى اوصى بالملائكة على يدى الواسط : وان الواسط
21 ليس هو من واحد : وان الله واحد : فالناموس على مواعد الله لا
يكون : وان كان الناموس يقدر ان يحيى فبحق يكون من
الناموس البر

[1] Sic in Cod. [2] Cod. لذورياته. [3] Cod. المعاعصى.

III. 22 لاكن الكتاب حبس كل تحت الخطية ليكون
23 الموعد يعطى من امانة الذين امنوا بيسوع المسيح من قبل ان
تقدم الامانة كنا محبوسين محفوظين تحت الناموس للامانة
التى ترتجى ان تظهر ❀ تقرا يوم الميلاد ويوم القير ❀
24 فليكون لنا الناموس هاديا الى المسيح يسوع : لنصدق بالامانة :
25. 26 فلما [1]جات الامانة فلستنا نحن تحت هادى كلنا [2]بنو الله
27 بامانة يسوع المسيح ⁘ كلكم بالمسيح [3]اصطبغتم المسيح لبستم :
28 ليس يهودى ولا حنيفى ليس عبد ولا حر ليس ذكر ولا
29 انثى كلكم واحد بيسوع المسيح : وان كنتم للمسيح فانتم
IV. 1 ذرية لابرهيم وكمثل الوعد ورثة ⁘ وانا اقول لكم ما
دام الوارث طفل فهو صبى ليس هو بافضل من عبد وهو رب
2 كل شى : ولاكنه تحت يدى خولة وفرانسة حتى اجل ابوه :
3 كذلك ونحن اذ كنا صبيان كنا تحت اهوا العالم كنا
4 نتعبد ⁘ فلما جا تمام الزمان بعث الله ابنه متكون من امراة
5 متكون تحت الناموس لكى يشترى الذين هم تحت الناموس
6 لكى نقبل به البنوة ⁘ فاذ انتم ابنا بعث الله روح ابنه فى قلوبنا

[1] Cod. جت. [2] Cod. بنوا. [3] Cod. اسطبغتم.

IV. 7 يصيح ابى الاب : فالان ليس انت عبدا لاكن ابنا فان
8 كان ابنا ووارث الله بالمسيح ∴ ولاكن حينيذ لم تكونوا
9 تعرفون الله خدمتم الذين لم يكونوا الهة فى الطبيعة : والان
عرفتم الله وقد عرفتم من الله : فكيف رجعتم ايضا الى الاهوا
الضعيفة المسكينة : الذين اردتم ايضا من فوق تتعبدون
10. 11 وتحفظون الايام والاشهر [1]والازمان والسنين : وانى خائف عليكم
12 ان لا يكون عنيت فيكم باطلا : كونوا مثلى لانى
13 مثلكم ∴ وانا ارغب اليكم يا اخوة انكم لم تظلمونى شيا :
14 قد علمتم لحال ضعف الجسد بشرتكم قديما : وتجاربى الذى
فى جسدى لم ترذلوا ولم تلفظوا ولاكن مثل ملاك الله قبلتمونى
15 مثل يسوع المسيح ∴ اين غبطتكم انا اشهد عليكم لو انكم
16 استطعتم ان تنزعوا عيونكم وتعطونى : الذى الان قد صرت
17 عدو لكم احقق لكم ∴ ليس بحسن يغار عليكم ولاكن
18 يريدون يغلقوا عليكم لكيما وانتم تغيروا عليهم : حسن
19 لكم ان تغارون فى الخير وليس فى حضورى عندكم ∴
يا [2]بنى الذين بهم ايضا اتمخض حتى يتجلى المسيح

[1] Cod. الزمان. [2] Cod. بنيه.

IV. 20. 21 فيكم : اغير صوتى لانى اتحير فيكم ⁘ قولوا لى يا ايه
22 الذين يريدون ان يكونون تحت الناموس اما سمعتم الناموس انه
مكتوب بحق ان ابرهيم كان له ابنين واحد من الامة وواحد
23 من الحرة : فاما الذى من الامة فمن نحو الجسد ولد واما
24 الذى من الحرة فمن قبل الموعد : الذين لم يكونا يتشابهان :
وهما بحق العهدين احدهما من طور سينا ولدت للعبودية التى هى
25 هاجر وان هاجر هى طور سينا فى ارض عرابيا وهى ملاومة اوروسلم
26 تتعبد هع بنيها : فاما اوروسالم العليا فهى الحرة التى هى ام كلنا
27 كما هو حق مكتوب : افرحى ايتها العاقر التى لا تلد شقى
وصيحى ايتها التى لاتطاق لان اولاد البرية كثير افضل من
28. 29 التى لها زوج ⁘ ونحن يا اخوة مثل اسحاق بنى الموعد : وليس
مثل الذى ولد فى الجسد وطرد الذى بالروح : وكذلك الان :
30 الا اى شى قال الكتاب اخرج الامة وابنها لان بن الامة لا
31 يرث مع بن الحرة ⁘ لذلك يا اخوة ليس نحن اولاد الامة
V. 1 ولاكن اولاد الحرة : وبالحرية اعتقنا المسيح : قوموا الان ولا

V. 2 تكونوا تحت نير العبودية : هوذا انا بولس اقول لكم لان
3 اختتنتم المسيح ليس ينفعكم شيا ⁘ وانا اشهد على كل
4 انسان مختون انه واجب عليه ان يعمل بكل الناموس : وقد
بطلتم من المسيح الذين تبرروا بالناموس وسقطتم من نعمته :
5. 6 ولاكن بروح الامانة ونحن ننتظر رجا البر : بيسوع المسيح :
7 الختان لا يقوى ولا الغرلة ولاكن امانة بحب معينة ⁘ قد
8 سعيتم نعما من حسدكم ان تقنعوا بالحق ان لحاجتكم ليس
9. 10 من الذى دعاكم : ان خميرة قليلة تخمر المعجنة كلها : وانا
اقنع لكم بالرب ان لا تتفكروا بشى اخر ان الذى
11 سجسكم هو يحتمل الدينونة كاين من كان ⁘ وانا يا
اخوة ان كنت اكرز لكم بالختان لماذا اطرد ايضا هل
12. 13 بطل شك الصليب ليت ان الذين يثوروكم يستاصلوا : لانكم
يا اخوة على الحرية دعيتم ليس على حرية علة الجسد قط
14 ولاكن بحب خدمتم بعضكم بعضا : ان الناموس كله
15 يكمل بكامة واحدة اذا احببت قريبك مثل نفسك : ان
كنتم تنهشوا وتاكلوا بعضكم بعضا انظروا ان لا
تهلكوا من

V. 16 بعضكم بعضا ⁘ وانا اقول لكم ان بالروح تسلكوا وهوى
17 الجسد فلا تكملوا : ان الجسد [1]اشتهى خلاف الروح والروح
خلاف الجسد : وهولا يضادوا بعضهم بعضا كما لا تصنعوا
18 الذى تريدوا .. فان كان بالروح تتدبروا فليس انتم تحت الناموس
19 لان اعمال الجسد ظاهرة التى هى : الزنا : النجاسة : الفسق :
20 عبادة الاصنام : السحر : العداوة : المنافرة : الغيرة : الغضب :
21 المنازعة : الشقاق : المناصبة : الحسد : القتل : السكر : العنا :
وما يشبه هولاء الذى انى اتقدم واقول كما قلت قديما ان
22 الذين يعملون هولاء ملكوت الله لا يرثوا ⁘ فاما ثمرة الروح
هى الحب : الفرح : السلامة : طول الروح : النعمة : الصلاح :
23 الامانة : السكون : التمسك : على مثل هذا ليس الناموس ⁘
24. 25 والذين صلبوا اجسادكم بيسوع المسيح والمصايب والشهوات ⁘ ان
26 احيينا بالروح نمكث ولا نكون كمثل المراين
VI. 1 ندعى على بعضنا بعضا : يا اخوة ان اخذ احد منكم فى سقطة
انتم فى الروح فاصلحوا مثل هذا

[1] Cod. اشتها.

بروح السكونة: تحسس لنفسك لكى لا تسقط وانت

VI. 2. 3 واحتملوا ثقل بعضكم بعض وهاكذا تتموا ناموس المسيح ⁘ ان

4 ظن احد انه شى وليس هو شى فانه يطغى نفسه: وكل

واحد منكم يجرب عمله عند ذلك يكون له فخرة ولا يفتخر

5. 6 على صاحبه: كل واحد منكم يحمل حزمته ⁘ فليشارك

7 المتعلم كلمة العالم بكل خير ⁘ لا تطغون ان الله لا يخدع

8 لان الانسان الذى يزرع بالجسد من هناك يحصد [1]تهلك: وان

9 الذى يزرع بالروح من الروح يحصد حياة دايمة: ان كنا نعمل

10 الخير فلا نسى لانا نحصد فى حينه ولا نهلك ⁘ فالان ما دام

11 لنا الزمان فلنعمل الخير مع كل ولسيما مع اهل امانتنا: انظروا

12 اى كتب كتبت اليكم بيدى وكل الذين يريدون

يتحاسنوا بالجسد هم الذين عزموا عليكم ان تختتنوا لكيما لا

13 يطردوا بصليب يسوع المسيح فقط: ولا الذين اختتنوا هم حفظوا

الناموس ولاكن يريدون ان تختتنوا كما يفتخروا باجسادهم ⁘

14 ❀ تقرا فى يوم عيد الصليب ❀ فاما انا فليس لى ان افتخر الا

بصليب ربنا يسوع المسيح

[1] Cod. تهلك.

VI. 15 الذى بى صلب العالم وانا بالعالم : وان الختان ليس بشى ولا
16 الغرلة ولاكن خليقة جديدة ⁘ وكل من مكث فى هذه
17 السّنة السلام عليهم والرحمة وعلى اسرال الاه ⁘ والان فلا
18 يشخصنى احدا فانا احتمل بجسدى ضربات المسيح ⁘ نعمات ربنا
يسوع المسيح مع ارواحكم امين ❁

❁ رسالة بولس الرسول المقدس الى اهل افسس ❁

I. 1 ❁ تقرا فى حد البايا ❁ بولس رسول يسوع المسيح بشية
2 الله : الى القديسين الذين فى افسس المومنين بيسوع المسيح النعمة
3 لكم من الله ابينا ومن ربنا يسوع المسيح ❁ مبارك هو الله ابو
ربنا يسوع المسيح : الذى بركنا بكل بركة روحانية فى
4 السماوات بالمسيح : على نحو ما اختارنا له من قبل اساس العالم
5 لنكون قديسين بلا عيب قدامه بالحب : الذى جددنا قديما
6 لبنوة له بيسوع < المسيح > على نحو مسرة هواه لمدحة مجد نعمته :
7 التى فرحنا به بالمحبوب الذى لنا به النجاة بدمه : لغفران عثراتنا
8 كنحو غنا مسرته الذى فضلت فينا فى كل

I. 9 حكمة وفقه : واعلمنا به سراير مشيته على نحو مسرته الذى
10 به صنع قديما لتدبير تمام الزمان ليتم كل بيسوع المسيح ما
11 فى السماوات وما فى الارض به : وبه انتجينا : وجددنا قديما كنحو
12 وضع الله : الذى ضنع كل كموامرة مشيته لنكون لمدحة
13 مجده الذين منذ قديم توكلنا بالمسيح ⁘ الذى به وانتم سمعتم
كلمة الحق : انجيل خلاصكم الذى به امنتم وختمتم بروح
14 موعدة القديس الذى هو عربون مورثنا : لنجاة اتخاذنا : لمدحة
15 مجده ⁘ لذلك سمعت الامانة التى فيكم بالرب يسوع : والحب
16 الذى الى القديسين كلهم : انى لست ابطل احمد عنكم
واجعل ذكركم فى رغبتى ❁ تقرا فى الحد السابع ❁
17 لكى الله ابو المجد ربنا يسوع المسيح يعطيكم روح حكمة
18 ووحى بعلمه او ينير عيون قلوبكم لتعلموا اى شى رجا دعوته :
19 اى شى غنا مجد مورثه بالقديسين واى شى عظمة فضل قوته
20 اليكم الذين امنوا كنحو صنيع شدة قوته التى عمل بالمسيح
اقامه من الموتى واجاسه

I. 21 عن يمينه فى السماوات عاليا على كل راس وسلطان وقوة
وربوبية وكل اسم يسمى وليس فى هذا العالم فقط ولاكن
22 وفى العتيد وكل قد خضعه تحت رجليه وجعله راس افضل من
23 كل فى الكنيسة التى هى جسده : تمام للذى كل فى
II. 1 كل تام ⁘ وانتم الذين كنتم موتى بعثراتكم وخطاياكم
2 الذين كنتم تمشون فيها قديما كنحو زمان هذا العالم :
كنحو اركون سلطان الهوا الروح الذى هو الان يعمل فى
3 ابنا المعصية الذين ونحن كلنا كنا نتردد فى شهوات اجسادنا
نصنع هوى الجسد والنية وكنا فى الطبيعة اولاد الرجز مثل لبقية ⁘
4 ❀ تقرا فى الاحد الثامن ❀ وان الله الذى هو الغنى برحمته فى
5 شان كثرة محبته الذى احيانا بالمسيح ⁘ وانتم بنعمته نجيتم
6. 7 واقامنا معه واجلسنا معه فى السماوات بيسوع المسيح لكى يرينا فى
8 العالم الاتى فضل غنا نعمته بالخير علينا بيسوع المسيح ⁘ وانتم
بنعمته نجيتم بالامانة : وهذا ليس هو منكم ولاكن موهبة الله
9 ليس من قبل

www.ingramcontent.com/pod-product-compliance
Ingram Content Group UK Ltd.
Pitfield, Milton Keynes, MK11 3LW, UK
UKHW012021280225
455719UK00011B/425

9 781108 043403